探索敘事治療實踐

編者：尤卓慧、岑秀成、夏民光
秦安琪、葉劍青、黎玉蓮

CONTENTS

·目錄·

Contents

作者簡介

尤卓慧

【現職】

臨床心理學家

【學歷】

香港大學臨床心理學碩士

【經歷】

香港心理學會會員（臨床心理組）

列小慧

【現職】

香港理工大學身心健康及輔導處處長

【學歷】

香港中文大學社會工作碩士

香港理工大學哲學博士

澳州德維治中心後研究文憑（第一屆敘事治療國際課程）

澳洲墨爾本大學及澳州德維治中心合辦敘事治療及社區工作碩士

岑秀成

【現職】

退休人士

【學歷】

香港大學社會科學碩士

香港大學社會工作碩士

【經歷】

認可家事調解員

李幗瓊

【現職】

家庭主婦

【學歷】

南澳洲大學社會科學碩士（輔導）

中國神學院基督教研究碩士

【經歷】

撒瑪利亞會電話熱線義工

周偉文

【現職】

標準保險及管理學院講師

【學歷】

公認會計師，特許保險師，並奈爾大學管理碩士

新英格蘭大學會計碩士

南澳洲大學社會科學碩士（輔導）

中國神學院基督教研究碩士

南澳洲大學管理學博士

【經歷】

戒癮輔導義工

夏民光

【現職】

社會工作者

【學歷】

英國蘭卡斯特大學（Lancaster University）應用社會科學系博士

【經歷】

香港政策透視會員

秦安琪

【現職】

敘事培訓及督導

【學歷】

英國布理斯托大學哲學博士

美國聖路易華盛頓大學社會工作碩士

澳州德維治中心後研究文憑（敘事治療國際課程）

澳州墨爾本大學敘事治療與社群實踐碩士

【經歷】

香港浸會大學社會工作系副系主任、副教授及實習主任

香港浸會大學青年研究實踐中心主任

澳州德維治中心敘事與社群實踐期刊審閱委員會成員

澳州德維治中心後研究文憑國際課程顧問

明愛專上學院社會科學系咨詢委員會成員

香港家庭福利會咨詢委員會成員（家庭服務）

馬綺文

【現職】

臨床心理學家

【學歷】

香港大學臨床心理學碩士

【經歷】

香港心理學會註冊心理學家

英國心理學會特許心理學家

美國婚姻及家庭治療協會專業會員

梁瑞敬

【現職】

香港浸會大學社會工作系講師

【學歷】

英國艾塞克斯大學哲學博士

【經歷】

香港兒童安置所社會工作員

善導會社會工作員

香港城市大學社會科學部講師

香港大學專業進修附屬學院高級講師

黃昌榮

【現職】

香港浸會大學社會工作系教授

【學歷】

英國雪菲爾大學哲學博士

【經歷】

香港浸會大學社會工作學士（榮譽）學位課程主任

「賽馬會鼓掌・創你程計劃」首席研究顧問（社區）

葉劍青

【現職】

臨床心理學家

【學歷】

香港中文大學臨床心理學碩士

【經歷】

香港社會福利署社會工作員

香港懲教署臨床心理學家

香港心理學會會員（臨床心理組）

黎玉蓮

【現職】

基督教懷智服務處臨床心理學家

私人執業臨床心理學家

【學歷】

加拿大英屬哥倫比亞大學文學碩士（臨床心理學）

【經歷】

澳洲心理學會會員

香港心理學會會員（臨床心理組）

香港葵涌醫院精神科臨床心理學家

香港大口環根德公爵夫人中心臨床心理學家

香港明愛家庭服務中心臨床心理學家

香港大學學生事務處臨床心理學家

推薦序（一）

多年來，我一直十分關注「敘事治療」在華人社會尤其在香港的創新及極富靈感的發展。本書的作者在這方面扮演了重要的角色。他們的文章對「敘事治療」作了詳盡和動人的解說。本書對提供輔導的專業人士如前線工作者和老師，在「敘事治療」的實踐方面有十分豐富和實用的參考價值，實在不容錯過，您一定會從中得到啟發。

麥克懷特

德威曲中心
阿德雷德
南澳洲

For a number of years my attention has been increasingly drawn to various creative and highly imaginative developments in narrative practice in Hong Kong specifically, and in the Chinese speaking world generally. The authors of this book have played a central role in these developments, and have written a text that is both highly informative and engaging. This text will be in high demand as it offers practitioners and teachers of the counselling professions a rich and practical guide to the subject. You will find inspiration in this text, and this is not something to be missed.

Michael White

Dulwich Centre

Adelaide

South Australia

推薦序（二）

記得與秦安琪老師和其他浸會大學社工系內、外的同事談到敘事治療是兩、三年前的事了。我的專業背景雖然是從事個案工作及個人和家庭輔導，但後來已經完全離開了這個範疇，轉到了社會政策研究，不知不覺已經二十多年。敘事治療對我這個社會政策人來說，完全是個陌生的概念。況且過去有一段不短的時間，我看見貧窮、社會不公平與不公義、社會欺壓與社會排斥不斷地被生產和複製，而一些專業也協助把問題個人化，並透過「治療」釘上「問題」或「病態」的標籤，從而把社會不公平的結構性問題轉移視線。因此，我對「治療」的應用往往敬而遠之。

現在想起自己對「治療」的無知，真的有點慚愧。「個人的」和「結構的」在理論上並不是互相排斥的，因此硬要把兩者放在二元對立的兩極是並不適當的。

對我這個門外漢來說，敘事治療正好貫穿了「個人」和「結構」的隔閡，它對「治療」背後的知識和權力有深切和批判的反思，它把治療的主權交還給當事人，它重視當事人的論述世界，並且從當事人的論述實踐中找出路；它不單「輔導」個人，也從社群的論述實踐中重塑社區更生的希望。

本書的作者們在過去數年一直從事敘事治療的訓練、實踐和理論的延展，也經過這個過程，努力把敘事治療的理論與實踐本地化。現在她／他們把實踐及研究的心得結集成書，對整個華人世界在深化及延展敘事治療都有重要的貢獻。

本人謹此向在華人世界從事助人專業及輔導工作的朋友及讀者推薦這本書，也藉此向本書的作者朋友們致賀。

趙維生

香港浸會大學社工系系主任

二〇〇五年四月

序言　我們是這樣開始的

秦安琪

「人」由出生那天開始便需要作無數的抉擇，有些是為自己而作的，有些是為別人的，另一些是為了什麼，我們可能不復憶記，亦不大清楚。如果我們有機會細想便會發現，這些決定都是為了對生活或生命的某些追尋、渴求和盼望。無論如何，每一個抉擇都決定了不同故事的開端，而故事的脈絡、情節發展則是我們在人生的旅程中跟所遇上的人和事所建構而成。然而，故事的主人翁仍是每一位個體，怎樣選取資料去編寫生命的故事亦由個體去決定。至於這個為實踐及推廣敘事治療的「聚、敘、醉」是在何時孕育出來的？我們的故事是怎樣開始？將會怎樣發展？這全賴一班「醉」心「敘」事治療的同事的相「聚」建構而成的。這本書便是部分同事把接觸敘事治療，並一同探索箇中奧秘的過程、領會和對生命及實踐的影響的經驗，跟其他對敘事治療有興趣的人士分享的文章。

敘事治療在澳洲及歐美各地已盛行多時，在香港，一些前線的輔導人員在過去數年間各自鑽研和嘗試，而今天我們不難發現，愈來愈多來自不同專業或非專業的人士加入這個行列，令這個敘事治療社群不斷成長，而我們相信這只是一個開始。期望在不久的將來，我們有機會與亞洲其他地區和華人社會的同事切磋，並研究敘事治療在本土文化的應用。現在，就讓我跟各位分享這一個旅程是怎樣在香港展開的。

我們的旅程是這樣開始的

一九九八年五月

猶記得我跟數位來自家庭服務的主任同事在其中一間志願機構內「吹水」（即討論）——討論家庭服務的前景和我們可以做些什麼，令像一盤散沙般的社會工作同事團結起來，我們亦關注社會工作專業在香港的發展。席間我提到正尋覓可以講解敘事治療的人選，並問他們可有好介紹。其實，這個問題是我在當時遇見人時都會問的，原因是我極希望，或者應該說是十分熱切地想認識這個理論。

文太說：「麥克懷特（Michael White）啦！」

我立即問：「他是誰？很好的老師嗎？」

文太：「好，他很有名的。」

我：「那怎樣可以聯絡他？」

回想起來真有點慚愧，自己教了家庭工作那麼多個年頭，卻對敘事治療認識那麼淺。在此真要再三多謝文太太的好介紹，不然我們的旅程定會改寫。

得到香港浸會大學社會工作系的系主任和各同事對這個工作坊的支持，我很冒昧地寫了一封邀請信到德威曲中心（Dulwich Centre），希望麥克懷特可以在一九九九年上旬訪港，但他因授課的工作緊密，故只能在一九九九年底或二○○○年初才可以前來。之後，經過無數的電郵往來，終於在一九九九年九月七日確定了麥克懷特會於二○○一年二月或三月可以跟香港的同工見面。這經驗教我明瞭在合作關係中，耐性和互相尊重的重要性。

二○○一年三月三十及三十一日的工作坊

我們開始為麥克懷特二○○一年在香港舉行首次兩天的公開工作坊作出宣傳，令人興奮的是我們接到很多的查詢，報名表格像雪花般飛來，一百五十個名額很快便填滿了。令人振奮的是，參加者包括不同的專業如社會工作、心理學、精神科等的同工，這將會使我們的旅程更精采。

在兩天的講座裡，聽了很多感人的故事，觀看了很多麥克懷特與個人會談的錄影片段，亦有機會看到他親身演譯，收到各方的反應都很好。然而，內心感到一片迷茫，因為自問對於敘事治療的概念和技巧可以說仍是一知半解。幸而很多的參加者跟我一樣，都感到未能掌握敘事治療背後的後結構理念和談話的技巧，大家都希望有更多機會了解這套理論。

另一方面，與麥克懷特及沙露懷特（Cheryl White）可說是一見如故（這就當是我單方面的想法吧），他們吸引我的地方是很可親、毫無架子、對人尊重和待人接物的誠懇態度。這些不就是把所相信的活在生命中嗎？這更激發我們深造的需要。

二○○二年八月二十六至三十一日的工作坊及深造班一

懷著緊張和戰戰兢兢的心情參加四天的課程，因為對此理論知道的仍然很少，幸而三十人中有很多熟悉的面孔，令安全感大增。很快四天的旅程又完結了，大家一同學習和作技巧練習，對敘事治療的概念及技巧懷著很多問題，例如輔導員可以怎樣採取一個「不知道」位置（“not knowing” position）與個人（person）對話？學習敘事治療是否要把自己的價值觀和從前所學的輔導理論都放下？「行為景象」（landscape of action）和「身分景象」（landscape of identity）的問題怎樣轉換提問？什麼時候才開始外化對話？有太多的領域有待我們探索。

為了繼續敘事治療的旅程，又生怕對學習的熱忱很快因工作忙碌而冷卻，我們一行六人（包括葉劍青、尤卓慧、黎玉蓮、夏民光、羅結蓮及我）在一輪商議後，便初步訂定了每六至八星期的約會——探討敘事治療的旅程。不久，我們稱這個組為「敘事治療支援小組」（Narrative Practice Support Group），亦是「聚、敘、醉」的前身。

二〇〇三年十月六至十六日 工作坊、深造班一及二

四天的深造班二，共十一人，麥克懷特訪問每一位同學，而我們有機會目睹他與其餘十位同學的會談真是畢生難忘。被麥克訪問的過程中，深深感受到他跟自己一同經歷了一些生活經驗，從現在的生活片段找出自己的信念和渴求，更重返生命的歷史尋找這些信念的孕育過程和見證這些信念的重要人物，看到自己和同學的眼淚和了解到淚水背後的意義；每一個故事都讓我們經歷敘事治療的威力。這個經歷亦令部分同學連結在一起。

我們的旅程是這樣繼續的

其實，當初心中只是抱著互相支持和切磋的心態下，跟同事繼續追尋敘事治療的真締，對於將來並沒有任何要求或期望。然而，接下來所發生的事教人不能不相信團結就是力量、熱誠可以排除萬難的道理。現在回想起來，相信我們就是在此時開始手牽手的共行旅程。二〇〇三年十一月至今，我們的旅程有以下的發展：

（一）編著一系列本土敘事治療的書籍

二〇〇三年十一月一日

自從上畢深造班二後，各人的心情一直都非常興奮，除了在敘事治療的知識和技巧的掌握有所增加外，感到對敘事治療熱衷的同工愈來愈多。在這一天的聚會上，當大家分享兩個四天課程的心得時，看到各人的臉上都掛滿笑容，真教人感動，這亦成了一股力量叫我們為這個旅程努力向前，因為我們找到了很多同行者。

會後一行七人到九龍城一酒樓佐膳，我們仍按不住興奮的心情不斷「吹水」，口水花四溢，相信羊腩煲、燒味拼盤和雜菜粉絲煲等都沾滿了我們的一字一句，裡面當然記錄了我們想寫一本書——不，應說是一系列的書。用電郵邀請有興趣的同事加入，為這本從敘事治療員的故事作開始的書開「吹風大會」（意同「腦震盪」一番）。最後，除了尤卓慧、夏民光、葉劍青、黎玉蓮及我之外，另一位深造班二的同學岑秀成也發出了他的支援訊號；我們六人成了這第一本書的編輯委員會成員。

二〇〇三年十二月二日

我們六人嘗試了又一城滬翠園的佳餚之餘，亦商討了這本以「探索敘事治療實踐」為名的書的內容大綱。我們會訪問數位熱愛敘事治療之士，希望這本書能在二〇〇五年七月第七屆的敘事治療及社群實踐國際會議時面世，各人都為這個第一次感到雀躍。五個訪問分別在二〇〇三年十二月二十日、二〇〇四年二月六日、四月三日、五月二十八日及六月七日舉行，訪問成了這本書第二和第三部分的骨幹；同時，我們亦嘗試應用迴響團隊的四個步驟。

（二）行動委員會的成立

二〇〇四年三月十日

隨著聚會的時間、出席的人數及有興趣的同工日益增加，我們開始感到需要較有組織去思考此支援小組的未來方向和發展，於是以電郵邀請同工「腦震盪」一下。今天晚上我們在金鐘的名都酒樓開會，並成立了行動委員會。小組成立的目的有二：⑴推廣敘事治療在華人社會的實踐，及⑵提供一舒適的環境讓同工分享、學習和實踐敘事治療。除了定時聚會和著書之外，我們會參與香港浸會大學社會工作系的敘事治療訓練和輔導工作。第一屆的委員會成員包括岑秀成、阮素瓊、周偉文、葉劍青及我。

（三）我們的旅程愈發精采

網頁

我們終於有一個網頁了：http://hk.geocities.com/npsghk1/！我們這個社群亦正名為「聚敘醉」──「醉心敘事治療聚合」之意。

訓練

在二○○四年五月及六月期間，深造班的幾位同工為澳門社工局的同工提供了兩個兩天的訓練，我們再為本港的香港神托會職員提供培訓。吸取了這些訓練經驗，我們在二○○五年的四月及五月期間支持香港浸會大學的社會工作系進行敘事治療技巧訓練──初級課程，開始為本港的同工提供有系統的敘事治療訓練。

德威曲中心的課程

六位醉心者於二○○四年十一月開始到德威曲中心修讀為期一年的國際訓練課程，三十位同學來自世界各地。上課時間共分為三個時段，每個時段為期兩週，當中包括每兩週一次的反省文章、兩次面談輔導的反思、一個個人計畫。大家都很忙，但有機會閱讀很多相關的文章，真是獲益良多，可惜大家沒有太多機會分享和互相切磋。

敘事治療及社群實踐國際會議

德威曲中心和香港浸會大學社會工作系將於二〇〇五年七月合辦第七屆敘事治療及社群實踐國際會議，這亦是此國際會議第一次在亞洲區舉行。為了支持這個盛會，我們已成立了三個工作小組：⑴訪問不同的敘事治療員及他們的家族，⑵介紹中國食物的故事，及⑶主題曲和演唱會的合唱團。

寫到這裡，著實為敘事治療社群在香港的發展感到驕傲，我們希望有更多機會與其他亞洲地區和華人社會的同事分享大家的學習和實踐經驗，共同努力，向敘事治療本土化邁進。

這本書只是一個開始！

本書的結構

原本我們只與讀者分享五個訪問治療師的故事，這個社群為什麼如此醉心敘事治療，但經過無數會議、討論及個別作者書寫過程的反思及改變，同時為了與讀者分享敘事治療的理念，我們最後把此書分為四個部分：敘事理論篇、生命重建篇、實踐反思篇及團隊迴響篇。

第一部分敘事理論篇包括三篇文章。在〈輔導急轉彎——敘事治療的原理初探〉一文，夏民光提出後現代主義對真理、語言、權力及主體的質疑，並跟我們探討敘事治療幾個基本概念及技巧。敘事治療的開展深受後現代和後結構思潮的影響，當中對知識及權力的關係及批判，是黃昌榮在〈敘事治療背後的後結構思潮——權力與知識的互動〉一文中的主題，他也讓我們了解知識、權力與問題的關係，及怎樣影響個人編織生命故事；敘事治療把這影響顯現，並使個人解構及重構他們選取的生命故事和身分。說到身分，第三章〈個人身分詮釋及確立儀式〉是黎玉蓮透過小明的「問題」，探討個人身分詮釋和身分確立，是如何在生活的不同場地建構出來的，敘事治療則為這個身分確立帶來另一個面向和其他的可能性。

第二和第三部分是其中四位曾接受訪問的同事從訪問得出的體驗，各有兩篇文章。筆者個人以為，如果輔導員運用理論於實踐時只是為了達到輔導目標，當中欠缺了解理論的熱忱和體會其背後的神髓的話，輔導是「死」的。本書的第二部分生命重建篇，我們多謝兩位輔導員分享他們在現實中如何體現敘事治療；岑秀成在第四章〈實踐路上自我敘事治療〉帶我們經歷了他追尋、探求所冀望、珍惜的及重建生命故事的過程，怎樣與敘事治療相遇和共行，並為他的生活經驗開拓了新領域和可能性。第五章的〈踏上敘事治療的路〉是列小慧邀請各位讀者回到她童年的生活片段，再次尋回她的信念——對人的尊重及體諒，並探討這些信念在今天如何鞏固了她與兒子的聯繫。

承接他在第一章討論後現代的四個質疑，夏民光於第六章〈我看見敘事治療看見我〉裡繼續討論敘事治療的懷疑精神，這懷疑包括對理論、治療過程、治療員等的懷疑和反省，這也為他們實踐和個人生活體現開創新領域。第七章〈敘事治療—

一與你夥伴共行的旅程〉是秦安琪分享對工作經驗、與服務對象相處的過程及自己行為的不斷質疑及反思，敘事治療的一些概念／理念讓她有機會解構個人與輔導員的諮詢關係，也包括歷史及文化與我們故事的聯繫。這兩篇文章是本書的第三部分實踐反思篇。

我們不能忽略了每次出席的二十多位同事，他們在迴響時間的分享對被訪者和訪問員都十分珍貴，大家也對迴響團隊的過程慢慢掌握，好能應用在往後的實踐中。我們得感謝在第四部分作出貢獻的七位同事，包括葉劍青、馬綺文、梁瑞敬、李幗瓊、尤卓慧、周偉文和岑秀成，他們就迴響團隊的經驗、觸動之處作分享，讀者可以在這部分團隊迴響篇細嚼。

鳴謝

對於這本書的誕生，我們六位編輯當然要欣賞各位在籌備過程付出的時間、努力和勞力，當中經歷喜與悲，興奮與失望等；回想起來，這正讓我們體會及經驗個人看法和期望的異同，是視乎各人怎樣看這些共同的部分，這便影響著我們怎樣看這個合作，甚至是社群。對我來說，抱著尊重去聆聽、了解和溝通，一些被視為人與人相處的大忌如爭執，其實是一種資源和彼此信任的顯示。

沒有各訪問員的貢獻，這本書絕對不可能面世，他們包括尤卓慧、夏民光、秦安琪、馬綺文、梁瑞敬、葉劍青、黎玉蓮及蕭麗霞。我們也希望藉此機會答謝每一位曾出席五個訪問的迴響團隊同事，他們的參與給了我們莫大的支持和鼓舞。同時，「聚敘醉」社群對我們的默許也是不容忽視的。

敘事治療創始人之一的麥克懷特和香港浸會大學社會工作系系主任趙維生教授都是大忙人，但他們兩位毫不猶疑便答應為這本書作推薦，這是我們的榮幸。

最後，香港浸會大學社會工作系一直以來提供「聚敘醉」聚集和實踐敘事治療的場地，也在本書製作的最後階段給予支援，我們必須在這裡表達謝意；也特此多謝甜美的李倩名小姐的技術支援。

編輯委員會

第一部分

敘事理論篇

第一章

輔導急轉彎——敘事治療的原理初探

夏民光

前言

很喜歡閱讀《腦筋急轉彎》的「IQ問題」。每當我挖空心思尋找答案，滿以為「十拿九穩」時，它的「標準答案」總帶給我絲絲的驚喜：

問：為什麼火箭射向天空時，總是打不中天上的星星？

你或許會感到問題有點不正常，但還是認真地回答：「因為星星其實是很遠的星球，火箭要花許多光年才能到達……打中了，我們也看不到！」然後，你滿有信心地翻查答案，深信自己的解答會是八九不離十了，突然，那個「標準答案」竄進你視網膜，再轟進你的腦海：

答：因為星星會閃！

怎麼這樣輕佻、野蠻？再看看下一道問題：

問：為什麼醫生替病人做手術時，需要戴上口罩？

這個也要問？當然是因為衛生的緣故，醫生怕自己的口水跳到病人的傷口裡⋯⋯。然後，你蠻有信心地揭曉「標準答案」：

答：因為醫生怕萬一手術失敗，病人會認出自己的樣貌！

再來一道「IQ 題」：

問：當醫生告訴你身患絕症時，你會做什麼？

你會立遺囑？會翻開電話簿，約會你過去、現在或是將來的情人？還是從此像鬼魂般纏著你最親密的人？

答：再看另一位醫生。

我們可能會在驚喜中發出會心微笑，有所頓悟：「我真的從未如此思考問題！蠻有趣啊！」又或許，你會鄙視它瘋狂、不按本子辦事、幼稚、難登大雅之堂⋯⋯。但它卻令我們繃緊僵化的思維活躍起來，接觸這類的問題多了，你便開始想像，改變那種我們日以為常的冰冷邏輯，釋放那深埋於「正常規矩」下的創意，開始跳到另一種角度去理解問題，找尋另一種答案，另一種可能。重點不在於《腦筋急轉彎》的「標準答案」的正確程度，而是在於這些答案致力尋找「另類可能」的精神，不馴服於「正常」的規則；它們總要指向新的可能性，勾出並放大那些被忽略的部分，建構令人感到驚喜、有趣，甚至是窩心的答案。

有趣得很，敘事治療在輔導的實踐上也帶給我類似的體驗——「另類可能」與「驚喜」——我稱之為「輔導急轉彎」。

敘事治療的核心目的，就是令輔導員與故事主人翁合作，鬆動死板、繃硬的常規（特別是對問題處境的分析與對應方式），超越那些令後者生活動彈不得的問題故事，找尋新的／另類可能性，重構令人重獲力量／驚喜的新故事。在困難或危急關頭裡，我們一起來一個「急轉彎」，闖出一個令人驚喜的未來。❶

「輔導急轉彎」的另一意義，在於敘事治療在輔導理論發展的另闢蹊徑。它於現代主義（Modernism）的路上也來了一個「急轉彎」，走進後現代（Postmodern）思潮裡，把「敘事」與「輔導治療」結合在一起，視人生的生死愛慾、悲歡離合為一種以故事形色呈現出來、又可供多元解讀及重寫的文本（Text）——你我她他的生命故事總是「言有盡而意無窮」，掛一漏萬，辭不達意，說完了，又可以再修改、補充，換一個新角度，發掘出新的歷史碎片，轉化出嶄新的個人故事。敘事治療師就是提著這一種哲學，與故事主人翁一起炮製動人的故事情節、回憶精闢的對話及挑選經典的記憶影像。

或許，這個兩個「彎」對不少輔導員而言，會顯得有點曲折離奇，那個「急轉」亦容易令人有「車毀人亡」的感覺——什麼是現代主義？什麼是後現代主義？它與「敘事」有何關聯？「敘事」又怎麼與輔導治療扯上關係？在輔導的實踐中，

❶ 友人對於我用「急轉彎」來比喻輔導工作，有點異議，理由是「並非所有問題都迫在眉睫，所以也不用急變」。但我所指的「急」，並非單是「問題」的迫切程度，而是在會談的過程中，令人改變的機會及重要關頭，往往是一閃即逝和突如其來的，需要「迅速」（急）抓緊機遇，化危為機，扭轉乾坤（轉彎），由「絕路」轉至「活路」。

敘事治療有何招式及策略，令故事主人翁的生命成功「急轉彎」？本文的目的就是嘗試探索這些彎角，以協助讀者順利地「飄移」❷至以「敘事」隱喻（metaphor）為本的後現代助人手法的道路上。我把全文劃分為三大部分：第一部分將探討後現代思潮的主要特色，第二部分則介紹敘事治療的重要概念，最後一部分會集中討論敘事治療的主要對話策略。

1 四個後現代質疑

後現代思潮涉及的範疇十分廣闊，包括藝術、建築、哲學、心理學、文學評論、文化研究、資訊科技發展以致社會科學，核心人物亦各有各的關注點及分析方法，實難把他們統攝於一套完整連貫的理論中。❸但在他們的論點背後，卻又同時對現代主義發出了許多十分類近的質疑（王治河，1993）。詳細討論後現代主義實不是本文的主旨，但對於掌握敘事治療（無論是理論或是實踐層次）而言，我們實在需要認識某些後現代的精神面貌，因為後者是孕育前者的所在地。在這裡，為了方便讀者理解，我冒著過度簡化的危險，重點地挑選了四個與敘事治療關係密切的後現代意念，並把它們整理為「（對現代主義的）四個後現代質疑」，對象分別為現代主義對以下四

❷ 這個字取材自一套在日本甚受歡迎的賽車漫畫《頭文字D》，它以「飄移」來描述汽車在狹窄的曲彎高速轉彎的動作。

❸ 若想對後現代主義有初步的理解，可參看陳懷恩譯（2002）。《尼采與後現代主義》。台北：貓頭鷹。

個互相緊扣的範疇的理解：真理（truth）、語言（language）、權力（power）與主體（subjectivity）。

1.1　質疑「真理」

現代主義預設了一個擁有「本質」的世界。「本質」的特色在於「永恆不變」及「放諸四海皆準」。「本質」是人、物、事、現象最基本的結構，所以它不會隨時間而改變，亦不會因為環境的變遷而產生變化。人類依靠著「理性」，以及不斷精進的觀察方法，最終必定能夠撥開人、物、事、現象的表面形相，窺探出那深藏不露的本質，所謂的知識或是真理，就是那些被視為能如實反映這些最基本結構的句子。而這些句子，往往以「大敘事」（grand narrative）（Lyotard, 1984）的形式展現，例如「人總是貪婪的」、「女性的體力當然不及男性」及「婚前性行為對婚姻有壞影響」等等。後現代思潮正是挑戰這些大敘事，認為世事並無絕對的本質，萬物也是決定於獨特的時間、空間及關係中。以女性體力為例，第一，女性的體力一般比男性差，可能只是某個時代的歷史現象，女性被社會特定的制度及文化塑造為「較柔弱的身體」，她們由小到大也要令自己的身體纖瘦、白滑，因此，女性少有機會像男性般鍛練自己的身軀，以獲得強而有力的肌肉，體力自然比下去了。一般而言，縱使女性的體力雖比不上男性，但這並不代表著女性的「本質」，而只是特定時空條件下的社會建構產物罷了。第二，誰界定「體力」？以逛商店購物這活動而論，不少女性往往也可以發揮令人意想不到的毅力，連續數小時在不同的商場溜達也可以面不改容，遠超過男性在這方面的體力；又以打理房間、照顧家人為例，職業女性下班後仍要負責煮飯及教子女讀書，老公則「疲憊」地攤在沙發上看報紙或睡覺，體力比女性好嗎？

1.2 質疑「語言」

在現代主義的「真理」觀下，語言[4]被預設為能正確代表（represent）客觀現實（包括人、物、事件、現象）的工具（張志林及陳少明，1998），當我們能正確無誤地運用語言或句子去描述某些外在的現實時，那些句子便是知識，否則，它們便是錯誤句子。語言就像一面鏡子，把現實完完全全照出來。別人說雪是白色的，你只要走到屋外看看那些雪，便可以判斷那句話是否如實反映、代表或對應（correspond）現實。後現代思潮質疑當中的假設，並提出兩種語言的特性：「語言建構現實」及「語言的政治功能」。

1.2.1 語言建構現實

後現代思潮認為，我們實在可用許多種不同的方式去敘說相同的人、物、事或現象，但其結果卻可以是截然不同的。請分析以下句子：

1. 「今天早上，我看見他們吵架，雙方也面紅耳熱，互不相讓。」

[4] 值得一提的，語言並不限於文字，它們可以是符號、相片及影像。

2. 「他們兩夫妻一如以往，又為了孩子的問題而爭論不休，兜兜轉轉……」
3. 「他們就是這樣，總愛在別人面前吵吵鬧鬧！」

我們可以看見，以上三句句子都是描述同一組人、事及現象，但卻有不同的焦點。句子 1 著重兩個人在某一時間裡的衝突及其激烈情緒，說話者似把自己設置為中立的觀察者；句子 2 則強調家庭或夫妻間的持續性（一如以往）問題，似有一些難以調解的意見分歧（爭論不休），說話者亦似對這對夫妻有頗深入、詳細的了解，不只是一位過客（一如以往）；句子 3 強調第三者的存在（在別人面前），及那兩個人對第三者所造成的滋擾（吵吵鬧鬧），說話者亦透露了自己對他們有不只一次的觀察，似十分了解他們的特性（他們就是這樣）。

我們接觸的人、物、事及現象，並不會替自己說話及界定自己的性質，而是由我們透過語言去呈現及選取它們的內容、重點及特性，所以語言並不能客觀中立地反映現實的特性，而是無可避免地參與建構現實的過程。語言與現實，並非是鏡子與實物的對應關係，而是前者建構後者。這不是說語言可以改變人、物、事、現象的物質狀態——我們沒有魔法去把黑暗說成光明，或用說話改變洗頭水的化學成份而成為眼藥水；這種「建構」發生於「意義」的層面上——說話者使用語言把某種現象或事物以某種形式呈現出來，令其聯繫到特定群體的生活方式上，令這群體能夠理解那些現象、事、物及人與他們自己、其他人及整體社群的關係，以及這種關係對這個特定社群在行動上所附帶的要求和限制。

1.2.2 語言的政治功能

從上述的三句句子，我們可以看見，問題不再是哪一句句子最能夠反映現實，而是它們各自所建構的現實版本對某特定社群「在行動上所附帶的要求和限制」。語言不單是描繪眼前的人、物、事及現象，更是把它們的種種元素配搭、安排、定位，暗示誰要負責、誰可以置身事外、什麼需要處理、什麼可以被擱在一旁。例如，句子 1 似把事情界定為兩人已到了不能平心靜氣（面紅耳熱）、不能理性討論（吵架）的地步，似暗示兩個人也有自我克制的責任（互不相讓）；句子 2 採用「爭論」而非「吵架」，減少了兩人對話的「非理性」或「過度情緒化」成份，強調「孩子問題」的爭議性及他們在此議題上的鮮明分歧立場，需要處理的，不再是令他們平心靜氣地溝通，而是找出雙方可以接受的方案（兜兜轉轉）；句子 3 認為問題是他們滋擾他人或是有失禮儀，而非他們之間的爭論或吵架，所以他們有責任改變他們的吵鬧地點。由此可見，語言透過建構現實去突顯議題、分配責任及塑造對下一步行動的要求及限制，而非單純地描述或反映現實。

1.3 質疑「權力」

談到權力，在現代主義的影響下，我們會以某君「擁有」（have）多少權力作描述，背後預設了一種以等級（hierarchy）為基礎的權力分配體系，並假定各等級穩定地（stably）

擁有與其高低位置成正比的權力——以大型機構為例，你的上司總比你擁有更多的權力，而你上司的上司又會比你的上司擁有更多的權力，如此類推……。而等級的分野及其所附帶的權力，又往往建基於某君擁有多少資源及影響力，所以，有錢人比窮人擁有更多的權力去迫使他人作出行動，成年人可以強迫小孩子讀書、寫字、學唱歌及跳舞，老闆可以迫令下屬加班……。權力是結構性的（structural），是由這個／這群人施加於那個／那群人身上的強迫（power-over）。

後結構主義重鎮之一的傅柯（Foucault），令人著迷之處，就是超越上述的權力觀點，對權力提出更細緻及複雜的分析。他未必全盤推翻結構性的權力分析，但可以肯定，他眼中的權力不會是如此簡單的現象。

1.3.1 權力的「液」態

在傅柯眼中，權力並不是有財有勢占據高位的人的囊中物，只要走到某個位置或等級，你便可由前任人手中，如承繼寶物般，自動承繼相應於那位置的權力。這點實在不難理解，我們日常生活的經驗，已為它提供不少例證：身為上司的你，是否真的感到可以「萬事如意」，屬下個個龍精虎猛，對你的指示唯唯諾諾？身為屬下的你，對上司的指令又是否千依百順，忠貞為主？身為大哥哥／大姊姊／叔叔／嬸嬸的你，又能否因為相對地「孔武有力」及「財雄勢大」，而可以「駕御」家中「過度活潑可愛」的小朋友？經驗告訴我們，在辦公室裡，常有「上有政策，下有對策」或「陽奉陰違」的情況，上司對下屬常感到「束手無策」；成年人亦常要「低聲下氣、笑容滿臉」，威迫利誘小朋友，放下手中玩具，張開口吃飯。權力並非如我們想像般，存放在所謂的高位者手裡，「位高」不一定「權重」，「位低」亦不一定無權。權力不在於「擁有多少」，而在於在某時刻某處境裡的「行使」（exercise）。它在日常生活中透過話語像液體般滾動著。上司與下屬、同事與同事間往往笑裡藏刀，在一團和氣的羊皮下，卻又常常在話語間拳來腳往，舌劍唇槍，在界定問題或工作性質上的角力——如什麼是（不）可以接受的表現，誰要為那件事負責（甚至受譴責），誰又可置身事外。就像上述（1.2.1 節）的句子 1、2 及 3 般，說話的意義已超出了是否能如實反映現實，而在於各個現實版本的政治含意：問題在哪裡？誰要負責？誰要改變？應該怎樣做？值得一再強調的是：縱使是位高者，也沒有絕對的把握控制角力的結果，各人在特定時空下所行使的權力互動，才是決定性的因素。所以，反抗（resistance）是可能的。

1.3.2 權力／知識

上述有關「辦公室政治」的分析，讓我們窺探到當代權力的運作形式，往往是藉著界定現實去對人作出影響的。我們都嘗試把我們對人、物、事或現象的建構包裝成為「能如實反映現實」的真理或知識，叫別人（甚至自己）相信「事情就是這樣那樣，所以誰要那樣這樣做……。」在「誰要那樣做這樣做」的過程中，我們繼續進行觀察，蒐集資料，作進一步、更細密的分類，產生更多自稱為知識的說話；這些說話當然又反過來鞏固原先的權力，叫人更加相信「事情就是這樣的，所以要那樣這樣做」。所以，權力與知識合作無間，相互衍生——權力透過知識去合理化自己的介入，知識則藉著權力而不斷自我生產。傅柯特別有興趣分析心理學、犯罪學、精神病理學等有關人類越軌／不正常行為的知識的誕生，為我們揭示了權力／知識的運作：某群宣稱擁有關於越軌／不正常行為知識的人——專家，因其專門的知識，所以被社會信任，授權對懷有「越軌／不正常」行為的人作出「正確」的整頓（或「治療」），而這整頓的過程給予專家無數的機會，對這批人及其「越軌／不正常」行為作出細緻的觀察及分析，令有關這些人及其「越軌／不正常」行為的話語，可以被大量生產。專家擁有更精密細緻的語言工具去把人分門別類，並作出相應的、更精細的整頓方法，而這些精微化的知識及整頓方法，則又反過來進一步為產製更精微的知識提供基礎。

1.3.3 權力的眼睛

權力／知識的威力並非在於以強迫的方式對人作出操控，而是在於它能把人變成知識的對象，放置他們於某個知識的分類裡，並把他們建構（constitute）成為某類人，使他們於某軌道中活動，並進行自我監督。若你相信你是精神有問題的病人，你便會抓著精神病人這身分，你會根據這個身分而行動，如定期見精神科醫生，容許他以精神病理學的觀點去界定你的情況，容許他介入你對生活的決定，相信他給你的藥是有效的，亦會遵守他給你的意見；你亦會常常以「精神有問題」去理解自己在日常生活中所犯的失誤，直到醫生宣稱你痊癒前，你也覺得自己腦裡有問題⋯⋯。沒有特定的人強迫你要相信醫生，要求你以精神病理學的角度去衡量自己的行為，但你覺得，不知在哪裡總有些不知何方神聖的人，時刻在監視著你，要你如此相信及衡量，慢慢地，你也配合「他們」對你無形的凝視，在他們沒任何舉動前，已自我審視。又例如，當你接受自己是「過胖」這類目（category）時，你吃的每口飯，也會令你擔心你身體會繼續「膨脹」的危機，你會限制自己的食量，強迫自己做運動，監察自己吃小吃的「惡習」，在街上又總覺得與你毫不相干的路人甲、乙、丙，在專心吃辣魚蛋、聊天及購物的同時，暗暗批評你的體型⋯⋯。沒有人走出來強迫你這樣做，但你就是跟著「過胖」這類目的軌道生活，並發揮自我審查的功能。這「自我審查」的論點，源自傅柯對「圓形監獄」（panopticon）的權力運作分析（Foucault, 1971）。「圓形監獄」的設計，就像傳統火鍋爐的外形般，在鍋爐正中間，突起了一條高柱。圍繞著「高柱」的，是一個個獨立的小房間（監獄）。每間房間的前方也面對著那條柱，房間後方則開了個小窗，確保光線充足。警衛藏在那條柱內，可以清楚地看到每一個圍繞著他們的小房間，及困在其中的犯人的活動。最值得留意的是，犯人無法知道柱內究竟有沒有警衛，因為警衛用作監視獄犯的窗戶，是經常被布遮蓋著的，這設計造成了一種既能節省人力，又能發揮最大監管效果的權力關係：不管柱內有沒有警衛，獄犯總有被別人監視的感覺，縱然不清楚是哪一位警衛或在哪一刻。犯人身處在這種受到無間的凝視的位置裡，在行動前要先自我審查，擔心被藏在那柱內的神秘人找到自己錯處。在這種權力關係下，連自己也要參與規訓自己的工作了。傅柯稱，當代社會的權力正以這種方式運作。

1.3.4 權力的載體

請不要以為，只有專家才能掌握及使用「知識／真理」，藏在暗角中監視其他人；相反，我們每個人也很難逃脫出「權力／知識」鋪天蓋地、無處不在的網絡，成為權力／知識的載體──隨著不同的處境改變，我們既被權力凝視，亦成為權力的眼睛的一部分。我們的日常話語裡堆滿了不斷增長的「知識」或「真理」（如 1.1 節所提及的大敘事），如「早睡早起對身體有益」、「夫妻之間要多溝通」、「睡眠不足有損健康」、「有不開心事要找人傾訴」及「體罰孩子並無幫助」等等，我們常常把它們掛在口邊，還會加上「有研究顯示」、「專家／醫生／學者／科學家說」或「許多人也說」等修辭裝置（rhetorical devices），去增加它們的說服力。特別是在爭議何謂現實狀況時（如上述的辦公室政治），各「參戰者」就更需要召喚不同的知識及靈活運用不同的修辭裝置，以抵擋／反抗他人來勢洶洶的建構，或塑造能令所有參與者也接受的現實版本，或削弱他人作出有別於「大敘事」的現實建構的可信性。我們既是「警衛」，亦是「犯人」。

1.4　質疑「主體」

「主體」牽涉到「我是誰」的問題。在現代主義的觀點下，我們各人也有一個「真我」──「真性情」、「真心話」、「真心真意」、「真感受」或「真面目」。而這種「真」並不容易被察覺出來的，它可能被藏在個人的虛假面具下，被防衛機制壓下來，或缺乏安全的環境去讓我們把它發洩／表現出來。許多的心理治療話語，也提倡「找尋真我」、「發掘潛能」或「揭露深層的感覺／思想」，彷彿在你我他她「裡面」，存在著一個「放諸四海皆準、永恆不變」的「我」（Ewing, 1990）。後現代思潮像質疑「本質」一般，對這種「真我」的「大敘事」發出挑戰。

你或許會問自己：「我是誰？」日常經驗告訴我們，我們擁有很多的「我」。縱使你不太滿意老闆，但在她／他面前，你可能還是「給他一點面子」，保持「厚道」，仍送上副塑膠笑容，唯唯諾諾；但在年老的父親面前，你卻可以「盡情表達意見」，發揮「批判精神」，「保衛公義」，事事也與他「針鋒相對」；在弟弟面前，你可以「武功高強」、「身懷絕技」，絕不害怕「肢體碰撞」，與他鬥爭得旗鼓相當；但在男友面前的你，卻又像是「功力盡失」、「四肢無力」，有時，「小鳥依人」起來，甚至連作決定的智力也像倒退了一半；面對嚷著要買玩具的兒子，你掛上慈祥的笑容，循循善誘，教他「勤有功、戲無益」；但面對那至時尚兼音質冠絕全城的環繞立體聲擴音機時，你突然感到萬物無聲，並窺探到「人生苦短」的大智大慧，頓悟出「及時行樂」的禪機，又怎可「執迷不悟」，吝嗇區區的數萬個臭銅錢呢？這些例子帶出的問題是：哪一個才是「真我」？「我」又為何會變化多端，在不同的處境，抱持不同的哲理、作出不同的反應呢？

其實上述關於「真理」、「語言」及「權力」的討論，已為我們提供了不少線索。簡單來說，權力／知識就是藉著生產大量的說話來建構它的對象，生產關於這對象的「真理／現實」，人類主體當然也是其對象之一。或許，在我們的感覺或思想裡，並不留意「我」的微妙變化，但在後現代的思潮卻指出，我們的主體是在不同的處境下被權力／知識建構出來的，所以，人並沒有內在的、永恆不變的性格（personality），而只有隨位置而變化的位置性（positionality）（Sands, 1996）或身分（identity），而那個建構的過程，可以說是一個「設置」（positioning）的過程。舉個日常生活的例子：有一天，你約好了朋友，但因某些事情，你遲到了十分鐘，當你氣喘喘跑到約定的地點時，你那兩位平日不會太守時的好朋友，竟然比你早到；他們不單沒有板臉，更是笑容滿臉，蠻可愛地等待你。然後，他們「感激」地說：「啊！多謝，你遲到，要請吃飯！」你說：「什麼？我只是遇上了意外，所以遲了一刻！」他們倆像預先排練過似的，一人一句說：「但你要我們呆等了十分鐘！」「是啊，這裡風很大，我們快要凍僵了！」、「這裡又多塵埃呢！我們被你累了，要吸廢氣！」、「你要負責！」、「對呀！做人不能不負責任！」、「沒理由要我們白等！」……在這一輪的話語「轟炸」中，你被他們放在「令朋友無辜受苦」、「不負責任」、「損害他人健康」等類目裡，被「設置」為需要被譴責、要作出賠償的一方，於此時此刻，若你啞口無言，不能召喚其他的大敘事或說話——如：「你們也常遲到，雙重標準」、「你們只找便宜，不理我遇到什麼意外」、「這是意外，非我的問題，大家也倒楣，為何我要負責？」或「對於意外，道歉已夠了，有必要請客嗎？」——去抵擋那些「設置」，你便很有可能要請客了。若只面對兩張口，你或許還可以招架，但若你要反駁六、七個人時，便吃力許多了；你面對如排山倒海的「設置」，很有可能無言以對，突然語塞，被他們成功把「責任」歸到你身上。在那一刻，某一個關於你的「我」，在眾多「我」的可能中被勾出來，成為眾人言說、深入分析、詳細描述的對象，成為你的全部，甚至連你自己也不得不跟從這個「我」去行事。這個有關遲到的例子，最少給我們兩個啟示：

1. 在不同的處境及時間，我們自我建構或被建構成為不同的「我」。
2. 在社會建構的過程中，某一些「我」被視為唯一的、真正的「我」，打壓著其他有關主體的可能性。

接著，我們將探討敘事治療的基本概念，以及它跟「四個後現代質疑」的關係。

2 敘事治療的基本概念

2.1 故事綱領（plot）

在我們的生命裡，實在充滿了各式各樣的經驗。就是單單的一天，我們也有數不盡的遭遇：在令人刺耳的鬧鐘聲響下，我們被迫睜開眼睛，離開那溫暖的被窩，睡眼迷離地梳洗，然後，思考今天要穿的衣裳，跟著努力地尋找……忙了一輪，我們像被時間追殺似的，跑出門口，衝向車站，口裡還咬著又硬又冷的麵包……很艱苦才能夠擠進車廂內，卻被那個凶神惡煞的肌肉型男子狠狠地瞪了一眼……回到辦公室，經過老闆的房間，無意發現他那……。若要詳盡地描述下去，恐怕一本書也不能盡錄。一天的事情已經是那麼多了，人一生的種種經歷，就更是多如繁星吧。當我們要描述自己一天的遭遇或是一生的經歷，實在不可能把每一個細節都說出來，沒有人會對你生命的細節有如此巨大的興趣（當然，明星是例外），你亦記不起生命中的每分每秒。所以，在有限的時間下，你只能夠在眾多的經歷中，抽取一點點對你而言極有意義的事情，代表你所要描述的人、物、事或現象。但這「一點點」的經歷，不單不是任意被抽出來，更是常常以故事的形式被說出來的。

在一般的情況下，我們很少會單單向別人說：「昨天，我回家，晚上睡覺。」或「今天，我吃了個午餐，然後，在街上向左轉向右轉。」聽眾會以為你還有話要說下去，等待你進一步的解釋，或是問：「那又怎樣？」因為一個令人明白（intelligible）的故事的其中一個特點是：它指向一個特定社群所認同的價值終點（valued endpoint）。為了溝通的緣故，為了令聽眾明白，我們需要跟隨社會所認為有意義的價值觀念去說出我們的故事（Gergen, 1998），若我們把第一句句子加長為：「昨天，我回家，晚上睡覺，但整夜不能入睡。」把第二句句子說成：「今天，我吃了個午餐，然後，在街上向左走向右走，最終，我迷路了！」兩個故事便會因為「價值終點」的出現，而變得有意義及可以被理解。所以，在我們說出故事時，會先選擇某些我們活在其中的群體所接受及明白的「價值終點」，然後再從我們眾多的經驗中，選出符合這「價值終點」的經驗。敘事治療稱這些「價值終點」為「故事綱領」。我們就是根據預定的故事綱領，來揀選及組織我們的經驗（Gergen, 1998；White & Epston, 1990）。

2.2 次序（ordering）

當我們選出了某些關於某個故事綱領的生活經驗或事件後，我們便透過說話把它們以某種形式組織起來，而這些形式是可以隨不同的歷史時代而改變的。但是，我們這個時代的普遍故事組織形式則是以「線性的時序」（linear temporal ordering）[5]為基礎的：童話故事的慣性敘述模式是：「從前，有一對夫婦，他們快樂地生活在那裡，但是，有一天，突然由哪裡來了一位什麼人，接著，他們的生活便改變了……」我們可以看到，故事隨著時間直線地開展出來。又例如，當我們要說一個關於旅行的鬼故事時，我們會慣性地以直線的方式作描述：「在某年某月的聖誕節，我和某人去了某地旅行，沿途也相當愉快……。但是有一個晚上，我們住進了一間怎樣的旅店，起初已感到它有些不妥……。我們辦好了住宿手續後，便找尋我

[5] 請參考註 4。

們的房間……。我們的房間很大，但燈光總是不夠似的，還帶點陰寒……。我們放下行李，準備睡覺時，怪事便發生了……。首先，是洗手間發生了什麼事，然後，門外……又如何；最後，我們看見什麼……，真是令人毛骨悚然！」我們根據「毛骨悚然」這個故事綱領去選擇那些令人有「毛骨悚然」的感覺的事件，然後，把這些事件在直線的時間次序中串聯起來。[6]這製造了事件接二連三、有先後次序地發生的「現實」，但這種種的事件及它們的次序，其實是可以有眾多的組合的，即是說：上述的故事只是眾多版本的其中之一。

2.3　故事與身分

扼要地說，故事就是我們日常生活的一種常見的敘事方式，我們用故事去組織我們的經驗，並給與它們意義。我們根據故事綱領，去選擇出合適的事件（events），然後把它們設置於線性時間裡（time），以先後的次序把它們聯繫起來（linked in sequence）（Morgan, 2000）。敘事治療關注我們怎樣說有關我們自己的故事，包括我們的能力、與他人的關係、工作、成就或失敗等等，因為我們的故事——對過去的理解——往往會影響我們怎樣理解現在的自己，以及對未來的態度，換句話說，這是關於「我是誰？」的身分問題。例如，若我選取了一個「我不夠聰明」的故事綱領，我便傾向回憶起那些自己

[6] 值得注意的是，在那線性的時序中，各項的事件往往被賦予因果關係：放在前面的事件，一般也是後面事件的原因或基礎。請參考註4。

表現不佳的經歷，如我曾被別人欺騙、被別人戲弄得啞口無言、我亦曾愚蠢地做了某些不該做的事情等等；但我卻忘記了那些「我很聰明」的歷史，這令我為自己下了一個「我＝不夠聰明」的結論，其影響可能是，我在未來的生活裡，只能看到自己不足之處，看不到成功的事件以及自己的能力；面對新的挑戰或任務，我提不起信心及能量去克服困難，我或許會退縮，不敢再發展自己……。敘事治療稱這種故事為「塞滿問題的故事」（problem-saturated stories），它蒐集令故事主人翁[7]不開心或提不起勁的過去經驗，界定他的身分，癱瘓他現在採取行動的能力，及帶給他沒有希望的將來。

2.4 敘事治療與「四個後現代的質疑」

對於故事主人翁而言，那些塞滿問題的故事及其所指涉的身分，是「真實」及「唯一」的，是有關他自己的「現實」。敘事治療沿著先前所討論過的「四個後現代的質疑」，去協助故事主人翁走出那些令他動彈不得的「真實」故事，並建立新的故事及新的身分。敘事治療與後現代的思潮接軌，質疑永恆不變的真理及真我的存在，並視「真實」及「我」為權力／知識的產物。故事主人翁所建構的「塞滿問題的故事」，並非單純是他個人的喜好所導致，更是受到他所身處的文化脈絡的影響而形成的。例如，我們身處的文化（思想、說話、信念、習

[7] 我認為「故事主人翁」比「案主」、「個案」或「服務使用者」更能突顯故事對人生的重要性，以及說故事的人的能動性（agency）。

慣及實踐）往往鼓吹我們找尋他人或自己的錯處，及以「問題」（problems）去界定自己和別人的身分。舉個實例，我們看見失學的青年，便稱他們為「失學青年」；失業的青年，便被稱為「失業青年」；失學又失業的青年，則為「雙失青年」。他們的「失」被勾了出來，相關的經驗被放在議題上，被我們研究，被我們（包括專家、朋友、社工、老師、警察、父母……）用更精細的分類作討論。經歷失學及失業的青年，就跟隨著這些主流分類去看待自己，以「雙失青年」作為他們的故事綱領，挑出支持這綱領的個人經驗，卻壓下其他的事情，如他們是一個好球員、孝順父母的孩子、幽默風趣的司儀或是溫柔體貼的聆聽者等等。這產生了一種以偏概全的效應（totalizing effect），多元豐富的主體就是硬生生地被擠壓在一兩種的分類下，不見天日。敘事治療的治療目的，就是推翻「塞滿問題的故事」對主體的擠壓及壟斷，令故事主人翁再搜尋個人未被發現的歷史（re-engage with history）（White, 2000），挑出新的事件，建構新的故事綱領，及新的身分。我們可以用以下幾幅簡圖來總結我們的討論（Morgan, 2000）：

1. 我們的一生中，充滿了各種各樣的經驗及事件，如圖 1-1 所示，「x」代表生命中的各種事件。

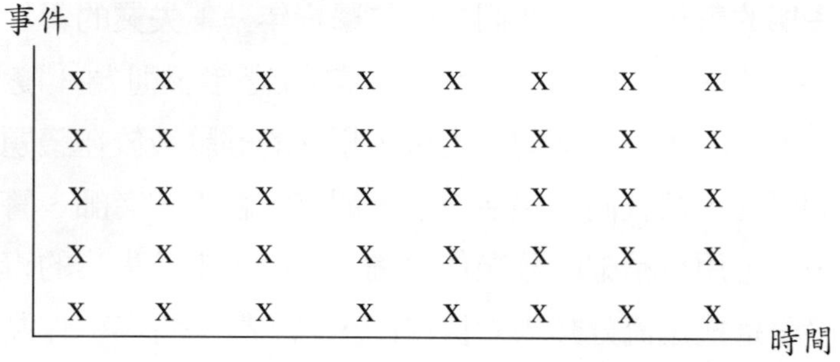

事件

時間

圖 1-1

2. 當我們嘗試理解自己的經驗和發生在身邊的事情，或嘗試向別人解釋自己的遭遇時，我們總不能夠說出我們所有的經驗；相反的，我們只能夠根據某些故事綱領，來抽取某些經驗或事件，然後把它們以某種的方式作串聯，如圖 1-2 所示「正三角」。由於不同的故事綱領，可承載不同種類的事件或經驗，所謂的「真相」，只是表述事物的其中一種界定、建構或故事版本，沒有絕對的「真理」或「真我」。

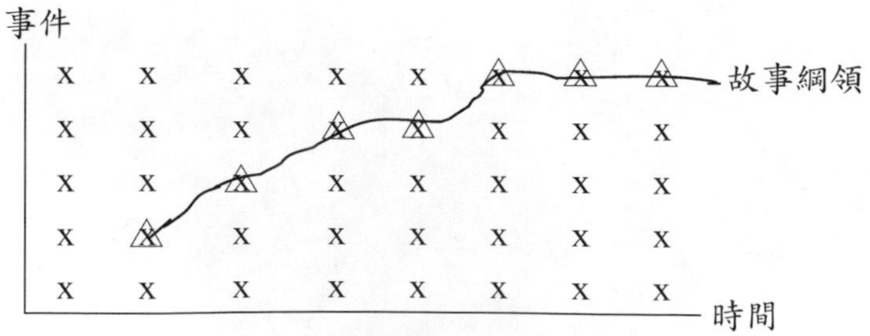

事件

故事綱領

時間

圖 1-2

3. 這些界定、建構或故事版本亦同時建構／設置著人的主體或身分，如圖 1-3 所示。

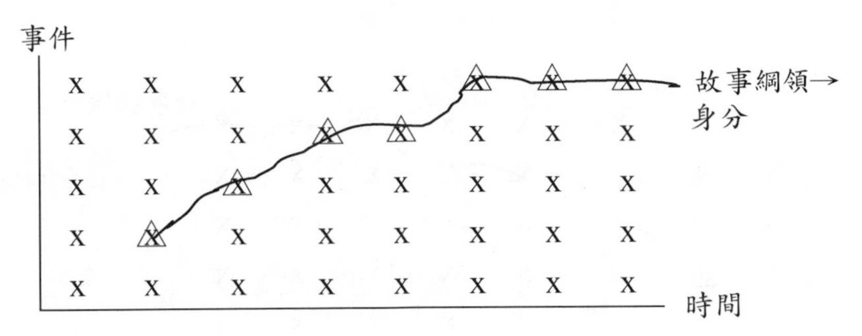

圖 1-3

4. 故事綱領以及其所包含的經驗或事件，並非只決定於個人的喜好、思想風格或理性，更在於對其產生莫大影響的文化、權力／知識及語言，當我們被鎖定在「塞滿問題的故事」裡時，我們便很容易以其作為我們日後生活方式的藍圖，繼續陷入那些問題中，如圖 1-4 所示。

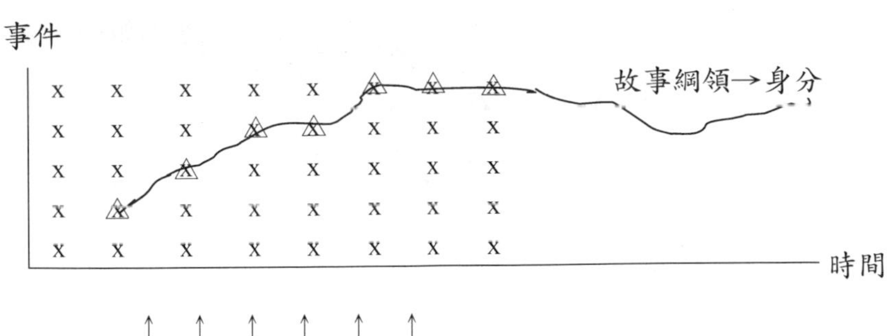

圖 1-4

5. 敘事治療的主要目的，就是突破「塞滿問題的故事」對人所加諸的枷鎖，令故事主人翁重新接觸那些久被封鎖的個人歷史，如圖 1-5 所示的「倒三角」。

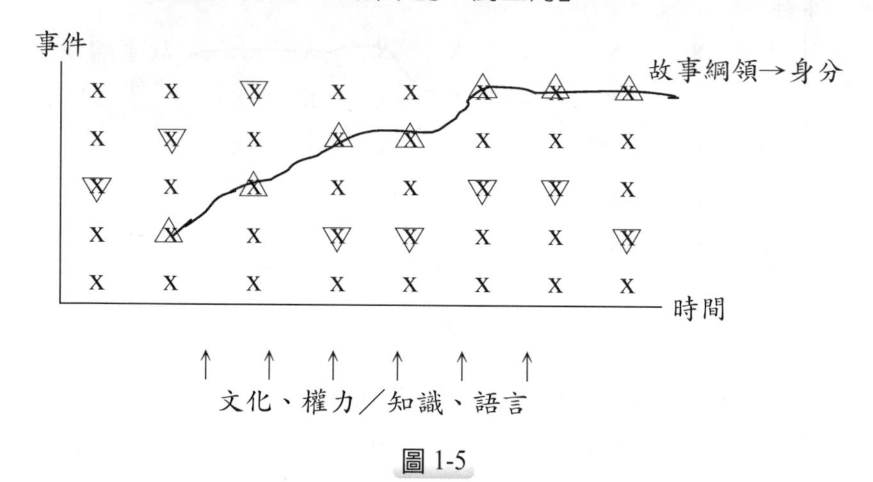

圖 1-5

6. 在勾出新的個人歷史後，敘事治療便把這些事件串聯起來，製造新的故事綱領和新的身分，如圖 1-6 所示。

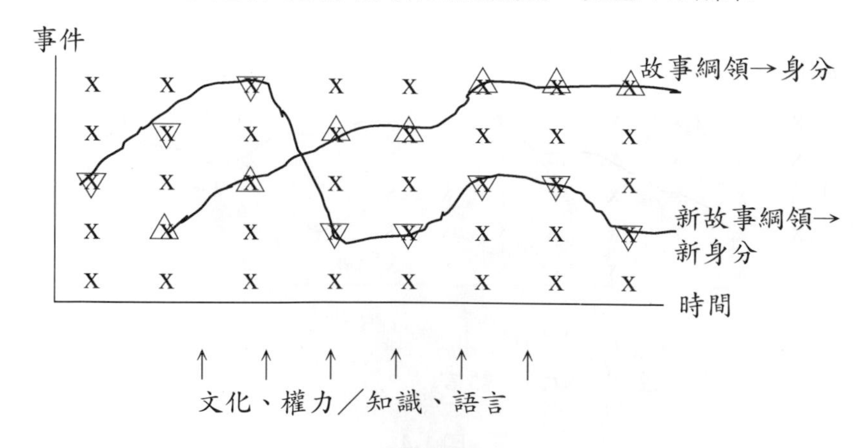

圖 1-6

接下來的問題是：敘事治療透過什麼方法，來協助故事主人翁突破「塞滿問題的故事」對其個人的封鎖，令他可以再接觸那些被遮蔽及壓制的個人歷史？它又怎樣從新發掘出來的個人經歷，去建立新的故事大綱及新的身分呢？它又怎樣去保護那「初生的」故事大綱及身分，免得它被那強而有力的「塞滿問題的故事」再次壓倒下去？在下一節，我們將討論敘事治療的核心策略。

3　敘事治療的核心策略

敘事治療不單建基於複雜的後現代思潮上，更發展出一套十分細密及系統性強的對話策略，但基於篇幅所限，以及本文的目的，主要是向讀者呈現敘事治療的輪廓，所以，我只揀選三種十分重要的對話策略作討論：解構對話（deconstructing conversation）、外化對話（externalizing conversation）及迴響團隊（reflecting term）。

3.1　解構對話

或許，不少讀者會認為，敘事治療雖然自稱是後現代思潮下的產物，但其實並沒有什麼特別之處，也只是像其他輔導理論一般，鼓勵別人用嶄新的「角度」、「眼光」或「觀點」看待或「詮釋」原有的問題，改變自己的思想罷了。這種「換個角度」的觀點，最少忽略了敘事治療的兩大特點：

1. 敘事治療並不認為「塞滿問題的故事」是源於故事主人翁的思想問題、個人的偏見、執念或非理性信念；相反，它強調支配文化、知識／權力及日常話語對人的影響（如圖 1-4 所示），所以，它並不只關注個人在閱讀問題時，所持有的「角度」或是思想的方法，更致力消除提供這些「角度」的文化及脈絡（contexts）對人的封鎖。
2. 敘事治療並不只是協助故事主人翁，採用新觀點去「詮釋」原有的問題或歷史，更是與故事主人翁找尋那些被壓制和封鎖的個人歷史，從而開展新的故事，就正如圖 1-5 及圖 1-6 的工作一樣。

敘事治療透過解構對話，向故事主人翁揭示知識／權力及支配文化，對他們的影響和怎樣影響他們，並發掘那些被壓制和封鎖的個人歷史。確切地說，在敘事治療裡，「解構對話」有以下的三種意義：[8]

3.1.1 揭示「真理」或「現實」的歷史性質及脈絡性（contextuality）

以瘦身為例子：不少男男女女都追求瘦身，有一些更因此而患上了「厭食症」，「瘦削」彷彿成為美的唯一標準。女明星們紛紛加入瘦身行列，在接受「瘦身」「療」程前，先在傳

[8] 德希達（J. Derrida）提出「解構」這概念，有其獨特的意思，敘事治療只借用其中的某些特點。若想多理解「解構」的來龍去脈，可參考 Norris, C. (1987). *Derrida*. Glasgow: Harvard University Press.

媒面前展示那一團團無處不在的肥肉，童叟無欺；然後，再力陳「肥胖」所帶給她們的禍害，像受害者的家屬痛罵奪走其家人生命的謀殺犯般，義憤填膺、痛心疾首；最後便是閉關「練功」，接受瘦身公司地獄式的整頓，再像英雄般從戰場上凱旋歸來，挺胸收腹，擺出各種高難度的姿態，炫耀那接近皮包骨的饑民身材。一切都顯得理所當然，名正言順，彷彿瘦就是美，瘦就是人類身材美學的唯一、永恆標準。但當你看看數年前某某女歌星的演唱會片段後，你便會發現，以往你認為擁有美好身材的她，在今天看來，實在是「身材臃腫」，腰不夠纖幼之餘，大腿兩側又多了點礙眼的累肉……我們才驚覺，十幾年前，社會不接受「皮包骨」的身材，身材「圓渾有點肥肉」才算標準，就像我們買燒豬肉時，總愛指定要「半肥瘦」般，要有點肥肉才能給你完美的口感。解構對話其一之目的，就是要動搖那些被視為永恆不變的「真理」，把它們的歷史性及脈絡性從其「自然」的包裝中拖出來，說明它們只是某個特定歷史時空中的社會產物罷了。在治療的對話中，我們會向故事主人翁提問類似以下的問題：「瘦身這個標準何時控制你的審美眼光？」、「你認為這些思想／執著／問題與什麼信念有關，甚至是同謀？」、「為何那些概念／問題／思想如此頑強？你認為誰在一直支持它？與我們的社會環境或文化有何關係？」「這個問題／煩惱／感覺，若在外國或另一個時代，對你的影響可有所不同？為什麼呢？」當故事主人翁了解到，那些一直煩擾他的事情，其實只是一些「有始有終」的東西時，他便不會以為問題永不會消失，而是能夠認清一直躲在問題背後，建構著它們的社會及文化力量，增加抗衡這些力量的可能性。

3.1.2 揭示知識／權力的運作及策略

正如我們在前面提及，支配文化或權力／知識往往是深藏不露，隱沒於日常生活的說話、常規及習慣中，我們若要抗拒這些力量對我們所造成的影響，除了需要知道它們的存在外，更要揭示它們的具體運作模式及策略，讓我們可以「見招拆招」。再以瘦身為例子，解構對話會向故事主人翁發出類似以下的問題：「在什麼時候或是情況下，你最容易受到瘦身文化影響？」、「在那一刻，有什麼東西／信念／影像／思想出現在／跳進你腦海中？」、「你怎樣稱呼它（們）呢？」、「它向你說些什麼呢？」、「它與誰合作來說服你？怎樣說服你？」、「它對你有何目的？」、「它透過誰／什麼來達到目的？」、「它又怎樣強化自己對你的影響力？」、「它的絕招是什麼？」等等。

3.1.3 翻開被壓下來的經歷

德希達（J. Derrida）強烈地批判二元對立的分類方法，指它把事物劃分為兩個極端，如「長 V.S. 短」、「好 V.S. 壞」、「男 V.S. 女」和「富 V.S. 貧」等等，而前者往往被視為比後者優越，後者亦因此被打壓為次人一等。問題是，這分類過分簡化事物的複雜性，並壓制了它們多元豐富的可能性。解構對話嘗試突破二元對立的框框，翻開那些原先被視為「沒有價值」、「微不足道」或「不值一提」的「閃亮事件」（sparkling events）或「例外」（exceptions）；就正如圖 1-5 所示，敘事治療師與故事主人翁一起找尋那些被「塞滿問題的故事」排斥的個人經歷，當中包括那些被支配文化視為沒有價值的個人知識及技巧。敘事治療師在會談中，往往會提出以下的問題：「一直以來，你是怎樣熬下去的？」、「你怎樣抵擋它對你的誘惑／攻擊？」、「雖然它經常操控你，但你能否記起，在哪些時候，你可以削弱它對你的控制，甚至是可以全身而退？」、「你用什麼方法，去抵擋它的詭計？」、「你做了些什麼？」、「能否告訴我詳情？」、「還可以告訴我其他獨特的例子嗎？」[9]

當故事主人翁翻出一堆堆以往被遮蔽的個人歷史及經驗後，所剩下的問題是：怎樣把它們連結起來，製造新的故事綱領及身分？敘事治療師會提出類似以下的問題：「從這些事例中，你對自己有沒有新的發現？」、「從你剛才所說的事件中，你有否發現某些你以往不留意的個人性格、特點、質素？」、「誰會最清楚你剛發現的個人特質？」、「她／他會怎樣說你？」、「她／他在過去，究竟看到什麼，以令她／他了解你那些新的特性？」、「你能否為這些性質命名？」、「從這些事情中，你覺得你是個怎麼樣的人？」[10]

[9] 發掘被壓下來的個人經驗及歷史，是一種十分耗力的活動，許多故事主人翁或許由於被塞滿問題的故事侵擾多年，所以往往未能立刻察覺到自己其他的可能性；因此，這環節十分在乎敘事治療師發掘另類可能性的毅力及堅持（persistence）。請參看 Monk, G. et al. (1997). *Narrative Therapy in Practice: The Archaeology of Hope*. San Franciso: Jossey-Bass Publishers.

[10] 這裡牽涉到一個較複雜的過程，敘事治療師需要與故事主人翁在行動景況（Landscape of action）及身分景況（Landscape of identity）穿梭往來。參考 Morgan A. (2000). *What is narrative therapy? An easy-to-read introduction*. Adelaide: Dulwich Centre Publications.

3.2 外化對話

或許，你會覺得在「解構對話」中，敘事治療師向故事主人翁發問的問題，總有點古怪：他們像是要把問題塑造成為有自己的思想、目的及同伴的「生物」，如「它怎麼說服你？」、「它對你有何目的？」及「那些問題／信念在什麼時候開始走進你的生活裡？」等等。沒錯，這就是敘事治療的外化對話的一個大特色。

對於不少故事主人翁而言，要逃離那個一直跟著他／她的（塞滿問題的）故事或身分，是一件不容易的事情。不少的故事主人翁，在權力／知識的影響下，甚至把那些故事或身分「內化」（internalization），成為自己的一部分。一般而言，這種內化有兩種不同的表現方式：

1. 故事主人翁認為自己有問題——他們總認為，在自己身體、細胞、性格或靈魂裡面，深深地藏著某些與生俱來的問題因子。
2. 故事主人翁自己就是一個問題——他們的存在就是其他問題的根源。

值得注意的是，「我有問題」或是「我就是問題」對故事主人翁往往會產生癱瘓性（paralyzing）的影響。或許，我們會認為，承認問題是一個人改變的先決條件，所以輔導員必先令當事人面對他們的錯處，然後才可以「對症下藥」；但是，我們不得不面對一個常見的現象：承認「自己有問題」或「自己是個問題」除了需要極大的勇氣外，其後果更是相當沉重的——它宣布承認者在道德上或能力上的不足，打擊著他們的信心，並增加他們的無能感及失敗感——「是的，一切都是我的錯，是我無用！我這個失敗者根本沒有可能翻身！」或許，在「大徹大悟」後，他們不再懷有希望，退出輔導會談，從此消失。試想想有一天，你在街上「幸運地」遇上一名算命師，他慷慨地給你一些贈言，你起初心情興奮，滿有好奇心地聽他對你的評論，結果，他毫不客氣地對你「依書直說」，不斷抖出你的「缺點」，認為你為人「心高氣傲」、「不理別人感受」及「不夠努力」，之後，更煞有介事，寓言你將來「路途崎嶇」、「非常凶險」等等。你有禮貌地回以一笑，向那位神色凝重的算命師說：「多謝指點！」然後昂然踏步，向身邊的朋友說：「我不信這些東西的！」但是，在那個晚上，那些說話總是陰魂不散，縈繞心間，你禁不住回想過去，看看自己是否「心高氣傲」、「不理別人感受」及「不夠努力」，你發現，在過去，自己總有驕傲的時候，亦有我行我素的時刻，更有退縮的日子，它們一幕幕浮現於腦海中，動搖著你那些原先對自己良好的觀感。「我是否真的有問題？」隱隱約約地浮於心中，然後，你慨歎一聲，搖搖頭，自言自語：「做人甚艱難！我也不知怎樣做人了……」跟著把頭埋在枕頭下，不想再想下去，不想再面對那些問題……。幸好，你不需要再見到那位真誠又慷慨的算命師，幾天後，你把那幾分鐘的會談內容忘記得一乾二淨。但有些接受輔導的人，可沒有那麼幸運：那位真實又善良的輔導員，一次又一次努力不懈地尋找故事主人翁的問題，為那些問題找尋來龍去脈，找尋失敗的原因，並巨細靡遺地分析故事主人翁在整個過程中的過錯、弱點及失誤，把更多的問題塞進那個原先已塞滿問題的故事綱領裡；原先並未覺得自己很有問題的故事主人翁，慢慢地發現自己愈來愈多問題，感到內疚及無能，愈沒有信心及動力去作出改變……。

外化對話起著與內化對話正好相反的作用，它視「問題」為獨立於故事主人翁的實體，「問題」並不源自故事主人翁，而是來自複雜的權力／知識網絡，「問題」以獨特的方式及策略，建構故事主人翁的主體或身分，駕御他們的生命。敘事治療透過外化對話，把原來融合為一體的「問題－人」分割開來，故事主人翁不再是「問題」本身，亦不再擁有「問題」，而是被來自知識／權力網絡的「問題」所侵擾的主體；「問題」是欺壓者（oppressor），故事主人翁是「受欺壓者」（the oppressed）（Parton & O'Byrne, 2000）。從上述「解構對話」的眾多發問中，你會發現，敘事治療師其實亦在同一時間，運用了外化對話，較明顯的痕跡就是「向問題吹一口生氣」——賦予它人性，令它擁有思想、性格、智慧、目的、侵擾人的策略及手段、盟友、靠山、歷史和來源等等，簡言之，就是以一種「擬人法」（personification）的修辭技巧，把問題呈現出來。

外化對話令敘事治療師與故事主人翁之間的關係，產生根本的變化。首先，由於故事主人翁不再需要承受那身為或擁有問題的負擔，他／她便可以釋放那一直受壓制的能動性（subjugated agency），成為一位抵抗問題的新力軍；第二，亦因為故事主人翁不再是問題或擁有問題，他／她便不再是被「解決」的對象，而是與敘事治療師聯盟，共同對付問題的鬥士。換言之，外化對話展開一種「故事主人翁—敘事治療師 V.S. 問題」的「三角關係」，更有助於故事主人翁與敘事治療師的「治療聯盟」（therapeutic alliance）的誕生。

3.3 迴響團隊

3.3.1 對初生故事及身分的深化工作

我們（敘事治療師）及故事主人翁共同合作，幾經努力，終於可以令那些蠱惑的問題及其手段現身，並把它們驅逐出故事主人翁的體外；更重要的，我們一起發現故事主人翁那些久被埋藏的個人經歷、知識、能力及技巧，建構出新的故事綱領及身分。但是，這些新的故事及身分可以維持多久呢？它們對故事主人翁的影響又有多少呢？畢竟，故事主人翁所面對的是那個似虛還實的權力／知識網絡，畢竟，那些高智能的「問題」已活了多年，這些初生的故事及身分可以一下子取代它們嗎？敘事治療絕不逃避這些問題，它了解到，故事主人翁需要強而有力的方法，⓫去鞏固那新鮮出爐的故事與身分，迴響團隊便是當中的一種重要方法。

在前面，我們曾詳細討論「我」及「身分」的問題，指出

⓫ 這些方法包括「憶記會員對話」（re-membering conversation）、「治療性信件」（therapeutic documents）及「迴響團隊」等等，但這裡只談後者。

我們並沒有固定及永恆不變的「真我」，只有被社會過程（social process）塑造的身分。主流文化傾向以特定的標準來量度人，給他們規範化的評價（normalizing judgment），壓制故事主人翁生命的多元性及豐富性，令他們的故事及身分變得稀薄（thin）。敘事治療透過迴響團隊，進一步承認（acknowledge）及豐厚（thicken）那些初生的故事及身分（White, 2000）。這團隊的重要性，可以以一個日常生活的例子作說明：我們很少會遇見一些愛美的女士，在凌晨三、四點鐘，突然興之所致，為打扮而起床，花上兩、三個小時沐浴、更衣，並用盡生平所學的化妝技巧，把自己裝扮得美若天仙，然後，對著鏡子自我欣賞一番，滿足地卸妝，再折返回床上，「含笑而睡」。若真有其事，那名女士的舉動就真的有點令人毛骨悚然了。所謂「女為悅己者容」，「美女」這個身分是要被別人承認的，最理想的情況是，美女盛妝赴會，贏得大家的艷羨目光之餘，更被一些對這位美女而言屬「重量級」的人馬當場盛讚，把她的美麗一分一吋地說出來，說她衣著品味高，配搭完美，化妝技術一日千里，妙絕古今，又讚她身材均衡，把名牌衣裳的高貴味道發揮得淋漓盡致，更有人說她美貌與智慧並重，有修養又有內涵……。經此一夜，「美女」的身分深深地印在她心中，歷久不衰。許許多多的身分，也是因為得到受自己重視的群體的認同，而得以被鞏固下來的。⓬迴響團隊抓緊

⓬ 這種「承認」及讚譽有其危機，因它往往代表一種「規範性的評論」，迴響團隊以另一種的形式去展現這種「承認」，參考 White, M. (2000). 'Reflecting-team work as definitional ceremony revisited' in *Reflections on Narrative Practice-Essays and Interviews*. Adelaide: Dulwich Centre Publication.

這個原則，以獨特的團隊對話形式，為故事主人翁的新生故事及身分，提供一個可獲得「承認」及「豐厚」（thickening）的對話脈絡。

3.3.2 迴響團隊的運作

3.3.2.1 對話結構

當敘事治療師集合適當的團隊成員後，[13]故事主人翁會與他們於高度結構化的對話情景下會面。整個對話被嚴格地劃分為四個時段：

1. 故事敘說（telling the story）——敘事治療師與故事主人翁進行對話，訪問他／她的經歷。迴響團隊在這時段絕對不可參與對話，只能夠作一位旁觀者及聽眾。
2. 故事重敘（re-telling the telling）——迴響團隊隊員以特別的方式（稍後討論），敘說及豐厚故事主人翁的故事，故事主人翁退坐一旁，亦不能夠參與他（們）的對話，只能作聽眾。
3. 故事重敘再重敘（re-telling of the re-telling）——敘事治療師與故事主人翁再次展開對談，後者回應在前一時段的故事重敘，迴響團隊亦要退席作聽眾。

[13] 迴響團隊的隊員可來自故事主人翁的家庭成員、朋友圈、同學、老師、同事、熟人，甚至是一些與他們有類似經歷但與他們素未謀面的人。麥克懷特往往會邀請曾會見他的故事主人翁，登記成為他的迴響團隊的隊員；他製作了一個包括擁有不同生活經歷的人的登記名單，成為他籌組迴響團隊的一個重要資源，參考 White, M. (2000) *Reflections on Narrative Practice-Essays and Interviews*. Adelaide: Dulwich Centre Publication.

4. 大會合——敘事治療師、故事主人翁及迴響團隊隊員直接交談，以及訪問敘事治療師在整個過程中的感受及思想。

3.3.2.2 故事重敘的獨特焦點

一方面，我們的支配文化常常鼓吹我們以規範性標準，來評審、（學術）分析及批判他人，並為他們作出分類，把他們多元豐富的經驗收攝於某些狹隘的分類項目下，盛產一些稀薄的故事；另一方面，它又常常鼓勵我們（治療師）以喝采的形式（practice of applause）去肯定別人的價值——強調別人的優點、給與稱讚、鼓勵、正面的強化（positive reinforcement）及恭賀等等，但它卻同時令我們置身於界定及評審他人表現的權力高地，延續那些規範性評論的實踐（White, 2000）。敘事治療對「評審」及「喝采」這兩個陷阱抱持十分警惕的態度，為了防止第二時段的故事重敘淪為對故事主人翁的「評審」及「喝采」，它特地為這個時段的對話內容作出了指引，令整個故事重敘也沿著以下四條問題發展：

1. 剛才故事主人翁的故事裡，有哪些地方最能觸動你？原因何在？
2. 那些觸動你的故事情節，有否在你腦海中勾起了一些關於故事主人翁的影像？是什麼呢？
3. 那些觸動你的故事情節及其所牽動的影像，與你的生活經驗有何共鳴之處？
4. 你覺得故事主人翁的故事，在哪方面及怎樣推動著你？帶領你去到哪裡？

我們從迴響團隊的結構及這些問題的設計中，可以觀察到以下特點：

1. 迴響團隊注重雙向性對話，而非單方面由迴響團隊向故事主人翁提出專家或學術的意見／分析／評審，甚至是喝采。
2. 迴響團隊透過那些與故事主人翁產生共鳴的故事情節及生活經驗，而與後者聯繫（connection），令飽受孤立（isolation）的故事主人翁可以再次與世界連結，並得到支持。
3. 迴響團隊那些與故事主人翁擁有共同主題的生活經驗的分享，進一步豐厚後者的故事之餘，更讓他／她知道更多其他相關的生命故事。
4. 迴響團隊與故事主人翁不是幫助者及受助者的關係，相反，迴響團隊因著故事主人翁的故事而得到鼓勵、啟發或推動，而故事主人翁亦因為自己的故事可以令迴響團隊獲益，而得到的承認及認同。

3.3.3 社群層面的介入

敘事治療其中一個與眾不同的地方，在於它對支配文化或知識／權力網絡對故事主人翁所造成的欺壓的強調：故事主人翁所面對的問題，既不是個人問題，亦非源於個人的缺失，而是與那無形的社會力量有著千絲萬縷的關係，他／她不是唯一的受欺壓者，相反，他／她只是眾多受欺壓者中的其中一位。藉著迴響團隊，敘事治療把受到同類型問題欺壓的故事主人翁互相連結起來，除了可以讓他們互相承認及豐厚各自的故事、身分及抗拒問題的知識及技術外，更為社群的集體行動建立了基礎，他們可以一起採取社會及政治行動，抵抗不同形式的欺壓（Vodde & Gallant, 2002）。故事主人翁不單以其新的故事及身分，來抗衡主流對他們的侵擾，更可以在新的社群中找到堅持下去的後盾，不用孤身作戰。這令敘事治療跨越個案工作、小組工作及社群／區工作的傳統界線，消除微觀及宏觀介入的分野。敘事治療不是單純的「個案工作」、「小組工作」或「社區／群工作」，而是這三種介入手法的大結合。

結語

來到這裡，或許我們可以看到一條充滿急彎的跑道：我們由現代主義所高舉的只有一個「真理」／「現實」的大直路，轉入隨歷史時空變遷的「多元現實」急彎；由「語言反映現實」的現代主義路軌，突然轉線到「語言建構現實」及「語言政治」的山徑；由「結構性權力」滑入「權力的眼睛」；由「堅實的真我」飄移至「流動的身分」。這四個哲理層次的連環急彎，又直接與敘事治療的基本信念接軌，再延伸至輔導的實務層次，邀請我們再由「內化對話」轉入「外化對話」和「解構對話」，以及由「個案或小組工作」駛進「個案—小組—社群工作」。請不要這麼快便「暈車」去了，因為這只是一個開始——在這篇文章裡，我們只是站在遠處，描述那些曲折的彎道，但並未坐在車上，親身體驗在跑道上急轉彎的速度、氣流與震蕩。雖然後現代及敘事治療的概念有點複雜，但若我們肯下點苦功，要在頭腦上理解敘事治療，並非十分困難，至少，我們也可以交出一些外化對話或解構對話的樣本問題，如「驚慌怎樣打擾你？」「它對你說過什麼？」或「你以往怎樣對付它？」等等。但真正的挑戰在於實踐——怎樣由一個問題引發一個答案，再怎樣判斷情況，挑選第二個合適的問題，牽引合適的答案，然後，一直問下去及作出即時的判斷，直走到某個治療師及故事主人翁初步認為合適的地方？當中實在充滿變數、「突如其來」、「意想不到」和「始料不及」，那是十分值得我們深入探討的範疇，所以，這篇文章只屬基本概念的初探，還有許多許多「急轉彎」的幽微處，正等待我們透過實踐來發掘。要認識敘事治療，總不能只靠觀察，更需要有血有肉的實踐。

參考書目

王治河（1993）。撲朔迷離的遊戲——後現代哲學思潮研究。中國：社會科學文獻。

張志林及陳少明（1998）。反本質主義與知識問題——維特根斯坦後期哲學的擴展研究。中國：廣東人民。

Ewing, K. P. (1990). *The Illusion of Wholeness: Culture, Self, and the Experience of Inconsistency. Vol. 18., No. 3*. Ethos: p. 251-278.

Foucault, M. (1971). *Discipline and Punish*. Harmondsworth: Penguin.

Gergen, K. J. (1998). *Narrative, Moral Identity and Historical Consciousness: a Social Constructionist Account*. http://www.swarthmore. edu/SocSci/kgergen1/web/printer-friendly. phtml? id=manu3.

Lyotard, J. F. (1984). *The Postmodern Condition: A Report on Knowledge*. Manchester: Manchester University Press.

Morgan A. (2000). *What is narrative therapy? An easy-to-read introduction*. Adelaide: Dulwich Centre Publications.

Parton, N. & O'Byrne, P. (2000). *Constructive social work: Towards a new practice*. New York, N.Y: St. Martin's Press.

Sands, R. G. (1996). The Elusiveness of Identity in Social Work Practice with Women: A Postmodern Feminist Perspective. *Clinical Social Work Journal, Vol. 24., No. 2*, 167-186.

Vodde, R. & Gallant, J. Paul. (2000). Bridging The Gap Between Micro And Macro Practice: Large Scale Change And A Unified Model Of Narrative-Deconstructive Practice. *Journal of Social Work Education.*

Vol. 38., No. 3. Fall.

White, M. & Epston, D. (1990). *Narrative Means to Therapeutic Ends*. London, U.K.: W.W. Norton & Company.

White, M. (2000). *Reflections on Narrative Practice: Essays and Interviews*. Adelaide: Dulwich Centre Publications.

Vol.2, No. 4, Fall.

White, M. & Epston, D. (1990). *Narrative Means to [illegible]*. London, UK: W.W. Norton & Company.

White, M. (2000). *[illegible] on Narrative Practice: Essays and Inter[illegible]*. [illegible] Centre Publications.

第二章

敘事治療背後的後結構思潮——權力與知識的互動

黃昌榮

訪問員：夏民光、葉劍青

引 言

我的老本行是青年充權工作和社會政策研究，對不少人來說，這些學術興趣和實踐與敘事治療似乎扯不上關係。但敘事治療有別於一般治療傳統和信念，十分強調權力／知識（power/knowledge）的重要性及兩者的互動關係，治療師與輔導員對治療關係背後的權力操作抱持著很高的敏感度，以防止在不知不覺間壟斷了對問題的介定，甚至造成案主的依賴，削弱了他們對掌控問題的創意和能力。敘事治療之所以吸引我，正在於它不單是一套治療方法和技術，其背後的治療精神及哲學，更提供一個迥然不同的視野，以審視各種混亂、複雜的社會關係。政策研究愈來愈著重打破個人與社會結構之間的圍牆，青年充權工作也採取後結構視野，強調個人與結構兩者間既協調又矛盾的關係。敘事治療更精采的地方是，它既著重個人的能力和主體性，也強調人是敘事或說故事的主人翁，並同時活在故事當中。解構人與故事的關係，有助於當事人重構更具充權意義的故事，並活出選取的身分和故事（preferred identity and story）。正是這些原因，我便展開認識敘事治療的旅程，也敢於讓「聚敘醉」社群的其中兩位資深同事訪問我在這段旅程中的觀感和想法。[1]我的敘事實踐旅程只是初階段，仍有很長的路要走，但敘事治療無疑給予了我很多新的刺激，也為我創造更多空間，嘗試把敘事治療的一些觀點和方法應用在青年充權工作的實踐上。本文旨在討論敘事治療兩個很核心的概念，即權力和知識及其互扭互纏的關係，並在適當處，加上一些在訪談時的分享和回應，以突顯權力位置和生命中重要人物對個人的影響。

權力及權力關係

在現代社會裡，權力是一個縈迴不斷的迷魅課題。從政治或結構的角度出發，權力與權力位置（position as power）是一而二、二而一的概念。站在權力位置的政治人物或專家擁有相當權力界定問題、設訂議程、作出指導判斷和提出解決方法。權力通過位置的標示，彷彿成為客觀存在的實體，可以作出追逐和爭取（Tew, 2002）。通過權力位置的更生和輪替，不同政治人物及專業人士占據了權力位置，影響力可及政治、政策、機構運作及服務提供等不同層面。美國結構功能學派鼻祖派克

[1] 訪談是按照迴響團隊的形式進行，當中有兩位訪問員，分別為葉劍青和夏民光，也有一群迴響團隊成員，有不少成員是筆者第一次認識的。有關迴響團隊的理念、構思和安排，請參考理論篇其餘兩章和迴響團隊的篇章。

森（Parsons, 1960）深信，推動現代社會的系統性發展的背後力量，就是源於具客觀性的權力位置所組成的網絡和架構，其最終作用是達致滿足整個社會所認受的集體利益。不過，權力若缺乏約束、制衡和監管，便很容易流於濫權，或忽略市民或服務用者的能力和所應享有的權利。難怪在代議政治的體制中，政黨和壓力團體均熱中於爭逐權力位置，務求在「位置之戰」中取得更多議席，讓團體或政黨所代表的市民聲音能在政治渠道和架構中得到反映。畢竟位置爭奪是少數人的事，群眾運動的其中一種基本信念是「集結力量就是權力」（number is power），通過組織群眾運動，對當局造成壓力，或向政策制定者及媒界製造噪音，以防止所謂主流意見的壟斷。作為助人專業從業員（helping professionals），如社工、治療師、輔導員、臨床心理學家和精神科醫生等，往往要躬身自省，才能避免給所身處的位置「綁架」了自己，造成強迫，或是讓權力的行使凌駕於案主或服務使用者的利益之上的現象。

筆者：「我記得有一次強迫的深刻印象，就是我三十多歲時學開車。我的運動技能（motor skill）素來都是十分差勁的……學習開車時感到十分困難。但我常提醒自己，不要在教車師傅面前提及自己的老師身分。但那一次，駕駛中心的其中一位師傅直斥我是個愚蠢的學生。那時，我驚惶失措，全身冒出汗來。我問他為什麼要這樣子控制方向盤，但卻得回他憤怒的回應：『不要再問下去，只管聽我的教導。』」

迴響團隊成員對權力跟位置的關係有不少回應，以下是其中三個例子：

參與者二：「剛才Victor有句話說，人很容易給位置綁架了自己……我想，無論是身處於哪一個位置，我們都要努力避免這種事發生。我特別在想，我們在這裡探討和開發敘事治療如何應用在我們的工作上，我們很容易亦都會變成以一家一派的角度看事物。我覺得正正是我們這個組群要很小心的地方……」

參與者三：「當我站在一個滿有權力的位置時，我要非常小心，尤其是如果我真的要向我的案主表達我對他們的尊重。不過我承認，位置的確影響著自己。」

參與者四：「但在我做了幾年臨床心理學家之後，我就開始發覺自己的位置是好有權力的……幾年之後我就開始發現這種現象，起初不以為意，但隨後就開始好注意。我記得我有時跟自己的教會朋友也分享我這方面的看法，就是我的位置可以使我變得易於操控別人。我想我要非常小心，否則我只是完成工作，但卻破壞了案主的潛能。」

在助人專業的行頭裡，赤裸裸的負面權力的施展，或是違反專業操守的行為是十分鮮見的。工作員或許出於萬般好意，處處為案主著想，但卻在工作或對話的過程中，忽略了案主對問題的看法，也無視於他們的潛能、能力和知識，甚或把他們的問題簡化為一個抽象的精神病名稱。這種本著為他人著想但卻在權力方面凌駕於案主之上的服務關係，正是敘事治療所著力批判的地方。

如果說在結構視野下的權力可被視為外在的客體，具有客觀性質，那麼人本心理學派的治療傳統卻反過來認為權力的本質是主觀性的（Giddens, 1993）。治療師的重點在於讓案主在治療的過程中，尋回真我，重新發現自己的能力和興趣所在，並為自己的人生定出方向。個人權力的來源彷彿由個人的內心出發，重新釋放潛藏已久的能量。主觀性的權力不是虛擬的，只不過被殘酷的現實遮蓋罷了。這種對權力的理解傾向把個人與周遭的社會關係和社會環境隔絕起來，並把問題的核心放置在個人身上，個人唯有尋回真我和發展個人潛能，才能扭轉個人惡習或是增加解決個人問題的能力。懷特（White, 1997）作為敘事治療的其中一個創始者，對於尋回真我本我，或是探索埋藏於人類內心深處的問題等的「表層與深入的類比」（metaphors of surface and depth），是極為抗拒的。以往有不少社會理論，均著力剖析人類經驗和社會發展的背後深層結構，在傳統馬克思主義者眼中，推動歷史前進的不是人而是階級，在佛洛依德（Freud）的詮釋中，主導著人的思想和行為是看不見的潛意識和原慾（libido）。在宏大的社會結構面前，或在隱秘性的心理結構底下，人的能動性和主體性相對地變得渺小，個人所企盼的夢想也變得渺茫。與其對個人的經驗採取垂向（vertical）的理解，懷特傾向使用橫向（horizontal）的類比，如纖薄和豐厚（metaphors of thin and thick），以了解個人故事和經驗，和個人與問題的關係。他的出發點在於把人重新放回舞台，讓他們成為故事的編劇和導演。

在傅柯的後結構詮釋下，權力既不是客觀的位置和角色，也不是個人主觀所形塑和開發的力量。在他的學說裡，權力不是一種可以獲得或奪取的東西，更不是如在市場中可作交換的貨幣和貨物，它只能通過行使與操作的過程方能展現出來。權力是「關係性」的，是通過各種經由想像的或實存的人際或團隊互動形式所產生的（Foucault, 1980a, 1980b, 1980c）。權力的重點在於其行使過程，及其所產生的結果和回應。位置有高低之分，但不同位置的權力關係不能被本質化和凝固化，它可以隨著時空的轉移、人物的變動以及各種關係的互動而改變，甚至被扭轉過來。例如，上司與下屬的權力關係是千變萬化的，可以是以上欺下的關係、開放平權的關係、以下犯上的關係，甚至是表面上看來是順從，骨子裡卻是背叛的關係性質。

更進一步而言，權力不單是負面或壓抑性的，它更是正面和生產性的。這裡所說的負面和正面不是指壞事與好事，或是負面與正面的價值，而是指出權力的運作能不斷更生權力的形式與技術，並建構個人的信念和生活（Foucault, 1997）。在這樣的理解下，以往製造人身痛苦的刑吏被另一群規訓人員所取代，他們包括了醫生、學者、心理學家、社工、教師、精神科醫生、牧師等。這些技術或專業人士以他們的專業或規訓知識（disciplinary knowledge），在法律及社會規範下對待案主。作為專業，它的權力在於能生產知識，成為主流論述的一部分，並再生產專業的權力。專業的規訓知識，傾向於界分正常與變態、主流與越軌，並以此角度審視個人問題和社會問題。每個專業之內，以及專業與專業之間的關係並非是一成不變的，相反，也是充滿權力比拼的。專業所建構或生產之論述、知識也可以是殊異不一、相互矛盾和競逐爭拼的。但面對案主或服務使用者時，專業知識無疑鞏固了及合理化了專業的權力行使和運作（黃昌榮，2002）。

權力的運作是建構性的（constitutive），權力關係的操作也瀰漫於各個社會層面和環節，而最常見的例子莫過於以倫理或真理的形式，合理化各種對社會關係的調控手段和策略。例如，女生應該表現得閑靜大方，聽教聽話，避免與人爭辯，以及盡量少參與激烈和具陽剛氣質的活動；如有女生偏離了這些習以為常的社會常規或期望，嚴重的可以被人嘲笑為男人婆。這種論述不但對偏離了所謂常規的女生施予懲罰，更會鼓勵一向循規蹈矩的女生繼續積極維持女性的賢淑形象。傅柯（Foucault, 1997）認為，這種權力運作的厲害之處在於能夠調動個人的積極性，從事個人的自我規訓（self-discipline），務求自我形塑的「柔順身體」（docile bodies）能滿足對自我的期許和對社會期望的要求。相比於傳統社會的嚴刑峻法，自我規訓或內規化（interiorization）所帶出來的建構性和馴服力量來得更有效和更有效率。懷特認為個人甘願受制於權力，原因在於他們不知悉權力的源頭，也不察覺其他人同樣地受制於權力的操控。個人亦難於了解和分別何時他們受著權力和論述的困擾折磨，何時他們可以擺脫它們的束縛羈絆。人總是著意地不斷檢討自己及別人是否順著應當行的路而行，又是否偏離了所謂正路。內規化的歷程雖然看似是自作主張的習作，不受別人操控，但卻逃不脫各種由主流及由個人所編織的論述網羅，使自身成為權力行使的工具（White, 1991）。這不是說論述網羅的背後有著一個井然有序的系統或是總設計師，相反，論述的形成和運作散布於各種制度網絡和社會關係之中，人也主動或被動參與其中，生產及再生產用以界定正常／變態、好／壞、優越／低劣、成功／失敗、超越／墮落等各式各樣的規範化論斷。

但在有些時候，或在某些情況下，個人不一定受制於社會論述和機構制度，他們對權力關係存著戒心，甚至對現存權力做出或大或小的反抗。案主也不是全然被動的，他們也有自己一套知識，以進行抵抗或改善自身利益。傅柯的其中一句名言就是「哪裡有權力，哪裡有反抗」。這並不是說反抗就是權力的本身，而是說明權力關係是變化多端、不一而足的，並不單由制度或是位置所能決定。只不過在現代社會裡，處於社會倫理邊緣的知識總給專業知識比下來，甚至被各種由法律、制度和國家機器所支撐的社會論述和規訓知識所壓下來（Tew, 2002）。權力操筆者與受欺壓者在權力與反抗的互動關係中構成了辯證關係，最後權力和社會結構結合起來，形成了更強大和更具滲透性的權力網絡，催生了各種新的權力形式和權力技術，而人和人的生活也屈從其中（霍韜晦，2004）。故此，把傅柯的經典說話倒轉來說也是合理的，即「哪裡有反抗，哪裡有權力」。令人憂慮的是，給問題壓下來的人，縱使作出有形或無聲的反抗，也會變得微不足道，更何況強大的權力網絡也統攝著個人的意願，使他們甘於成為自我規訓的一員。

語言與敘事

在討論故事與問題的關係之前，我們必先理解語言與敘事的關係。究竟什麼是語言？簡言之，語言包括說話和文字，是一種溝通的工具，用來承載各種意義，通過它傳遞給聽者或讀者。但實際上語言的意義是多樣的、動態的、隨宜的。語詞或語句究竟是什麼意義，總不能抽離於語言在何種過程、脈絡和情境中使用，而得到理解。近代西方語言哲學大師維根斯坦（Wittgenstein, 1953）認為語言的意義在它的用法，而不是在於它能指稱固定不變的對象。但語言的使用亦非任意，而是要遵守規則和文化。不過，規則不是一成不變的，規則可以修改，但亦要按既定的規則而改變。語言離不開既定的規則，也離不開孕育規則的境實生活。我們要了解別人，也要從了解其語言規則及其生活面貌入手。

德希達（Derrida, 1982）認為傳統文字中的差異並不足以描述及表達差異本身。因此，他創造了一個新字和新的概念，以表達差異的複雜面貌，就是differance。高宣揚（1999）將之翻譯為「產生差異的差異」，即一般理解為之「延異」。產生延異的其中一項利器就是德希達所提倡的解構方法（deconstruction）。解構的目的在於揭示文本中所隱含的但又被邊緣化的詞彙或是論述，從而突顯主流看法和角度之所以成為主流正在於它能成功地把處於邊緣的東西壓下來。比方說，「我在公司可受夠老闆的氣，回到家中給不聽話的兒子教訓幾拳，又有何不可？不打不成材嘛！」以強凌弱、以大欺小、以權壓人是文本中的主流論述。當事人雖然在公司受老闆屈辱，感到洩氣，但他卻沒有好好反省，仍然在家中採取同樣的策略，對付自己的子女。那麼，被壓抑和排擠下來的邊緣論述是什麼呢？你可能會認為在權力懸殊的情況下，我們依然要講道理，斷不可訴之於語言或肢體暴力。把「講道理」這句被邊緣化和隱匿化的句子突顯出來，無疑把看似合理的辦公室和家庭的欺凌政治作出批判。另一個被邊緣化的意義也可能在於解析受欺凌者不一定同情另一位受欺凌者的處境，他們對主流論述不但沒有反抗，反而作出更深的認同，只不過怨怪自己不在其位罷了。同樣地，童黨反對成人霸權，不一定意味著他們之間一定是互助互愛，滿有兄弟情誼。他們對權力的著迷，可能比成人社會有過之而無不及，「反著權威當權威」的情況是屢見不鮮的。被壓抑下來的邊緣論述或許是以權謀公、扶弱鋤強吧，但當另類或邊緣意義被解構出來，主流論述的正當位置也開始備受質疑。

敘事治療套用德氏倡議的解構理論，把人所敘述的問題故事進行解構，從而發現被問題覆蓋的故事不是毫無破綻的，相反，問題故事中總含有隙縫、裂口的地方。問題故事的情節不是一氣呵成的，當中的情節總有不連接，甚至是相矛盾之處。但問題的故事有其優勢，它們畢竟已經存在好一陣子，當事人也慣於把有問題的事件通過安排和整理，形成又厚又重的情節。布魯克（Brooks, 1984）認為「故事由事件組成，把事件放入故事的就是情節」。比方說，有位青年人覺得自己一無是處，總是提不起興趣做事做人，父母和朋友認為他的性格本質非大懶蟲莫屬，他也認同這種身分論述。懶惰成為情節，他亦把生活中的種種懶惰經驗編織成一幅完整的懶惰故事，也自我預言成為大懶蟲。

在敘事治療及充權的工作坊中，我很喜歡以一些較有趣味的語言遊戲，與參與者共同探討差異與意義的相關性，其中一個是介詞思考（prepositional thinking）遊戲。其實，這種語言遊戲是倡議橫向水平思考方法者其中一種經常使用的活動，我只不過是借用過來，以突顯尋求差異和開發意義的經驗。遊戲的方法很簡單，就是以一個英文動詞，配以不同介詞。這種配對未必是合乎文法的，其重點只在於讓參與者說出他們的聯想，以及擴闊意義的可能性。例如，reach out 這個詞語是頗為香港的參與者所認識的，在社會及醫護服務的行頭裡，它就是展外或是外展的意思，是社工或是醫護人員離開機構的圍牆，直接到案主的家中或是他們溜達的地方，以接觸他們或向他們提供服務。當然，不同專業人士總會因應著其機構情境、專業訓練和實際經驗的不同，而賦予 reach out 這個詞語不同的意義和詮釋。就算是沒有外展經驗的同事，他們對上述的大體意思是沒有異議的。當 reach 這個字配以 in、inside、out、outside、forward、backward、inward、outward、behind、beyond、up、down、for、against、with、within、without、on、under、below、above、through 等介詞時，參與者又會聯想起什麼意義呢？對他們的工作手法又產生什麼啟迪呢？當我們使用 reach out 這個詞語時，它的對立詞語 reach in 又是什麼意思呢？在創造及開展 reach out 這個方法時，又是否隱藏著對不從事 reach out 的批判呢？不從事 reach out，又是否表示有 reach in 的方法和實踐？我們要了解 reach out 和 reach in 的意義，便不能抽離當地的特殊情境，但這些在詞彙背後的情境、脈絡和故事卻在表達和溝通時遭到無意的隱藏。在剖開詞彙背後所埋藏隱匿的東西，卻又會延擱溝通和所能指涉意義的過程，原因在於新的詞彙和未知的背景可能會出現，並需要作出描述和解釋。無論如何，現代性的二分性或對立性的思考方法（dichotomous thinking）是無法承載不同介詞應用在 reach 這個字詞時所產生的差異和意義。難怪德氏認為，延異還要表示在產生差異的過程中所隱含的某種延緩、耽擱和抹掉痕跡的意思。

與其說人在世界中找尋意義，倒不如說人對所遭遇的事物和經驗賦予並創造意義。對紀登斯（Giddens, 1991）而言，創造意義的媒介是語言，而語言又是文化的一部分，其學習及使用總依循著一定的模式和軌跡進行，沒有語言，人和社群將無法溝通。但同時間，沒有主體和社群的介入，語言將無法再生產並發展下去。若社群不再使用語言，隨著漫長時間的流逝，語言將成為死的語言，無法在社群或文化中起著溝通或產生意義的作用。激進的社會建構主義者或許會認為人是賦予語言意義的主體，如年青人可以給予大懶蟲這標籤正面的意義，如創意、自由、不羈、環保等；但把大懶蟲直接等同於這些正面價值，並得到當事人及社群的認同的可能性是微乎其微的。社群如何使用、學習和生產語言和文化不一定可以全都論說出來，或進入人們的論說意識（discursive consciousness），相反地，語言和文化的學習是在社會情境中學習得來的，並形成人們的實際意識（practical consciousness）。

懷特和艾普斯頓（White & Epston, 1990）認為，問題的故事或人的問題總是在社會、文化和政治情境中形成，而這些故事又成為人們賴以建構自己的身分和行動的指南。簡而言之，意義是語言及其情境的產物，而人又是意義的生產者，但意義的生產又得依循著語言及情境所劃定的框架而進行。以敘事治療的角度出發，人是說故事或敘事的主人翁，賦予或創造故事中的內容和意義，但他又活在故事當中，被故事所產生的脈絡和意義所囿限著。人可以是說故事的主體，編寫及活出不同故事和經歷，但他也可以反過來成為故事的客體，讓故事的情節主導著他的身分認同和個人發展。敘事治療與其他治療傳統不同的地方正在於與案主共同探索問題的故事的意義，並開發另類故事和另類情節，藉以提供他們多一些選擇，創造他們較喜好及更具充權意義的身分和故事。敘事治療對傳統病態觀點的批判地方在於，它給予案主敘事和詮釋故事的意義的空間相當狹窄，並同時賦予治療師很大的權力界定案主的問題，和提供解決問題的藥物或方法。把人視為問題的本身，治療師與案主要對付的就是案主自己。退一步想一想，青少年和成人喜歡別人注意他們的能力和知識，卻不喜歡別人注意他們的問題和批評他們的不是。這並不是說人是完美無瑕，不受問題的困擾，但把問題直接等同於人或許會激發案主的反抗和不合作；更差勁的情況是，案主放棄主動性，甚至是希望，任由治療師的擺佈。

問題故事與權力關係

敘事治療深受後結構思潮的影響，借用並轉化那些有關於權力和權力關係的核心概念，其中一個最為突出的地方就是把人與問題分開。長久以來，在治療和輔導的理論和實踐當中，人與問題是一體兩面的，問題寄生於人的身上，也成為人的一部分，或換句話說，人成了一個有問題的人（problematic person）。要改變人的問題，不得不從有問題的當事人入手。電影「美麗境界」（港譯有你終身美麗）（A beautiful mind），講述故事主人翁深受腦海中的人物和聲音所困擾。有一幕，主人翁被推往手術室，進行腦電擊手術，不是一次，而是每週兩、三次，連續十個星期。當事人飽受電擊之苦，但問題卻沒有因此而離開他。懷特認為，用以界定個人問題背後的缺欠理論（deficit theory）和病態理論（pathology theory），無非是鼓勵當事人非要作出轉變、成長和改善不可，並無可避免地強化他們對專家們的依賴，進而加強專業知識的認受性和權力。以傅柯的說法，現代社會最具支配權力的論述，是誘導我們把自己和身體當成有問題的物體，讓自己成為被物化的對象，有待專家替我們開處方。敘事治療認為物化的論述，會使人把問題的成因內化和個人化（individualization），也把解決問題的最終責任放置在個人身上。在內化與個人化雙劍合璧的攻勢下，有問題的人的主流論述也得到支持和鞏固。

「問題是問題，人不是問題。」（Problem is the problem, person is not the problem.）是敘事治療經常引用的格言。這句座右銘把「有問題」這個界定人的本質的形容詞變成為名詞，並把這個名詞與人這個名詞分割開來。問題常在特定時空下運作，滲透及衝擊人的生活。當個人和問題產生距離時，個人就能思考問題對生活所造成的影響，然後用自己的方法對付問題，或修正個人與問題的關係。把問題外化有助於人重新界定問題，窺探其影響，並重嘗主體性的滋味，也重新體驗到問題是問題，而不是自身的一部分或是人的身分。所謂把問題外化，其實是反內化的一種具體行動，把問題抽離於人的本身。但如果從開始就把問題外化到社會機制和社會結構的層面，把問題的責任通通簡化為社會的錯，則人同樣感到軟弱無力，無論他們如何努力，也不能改變宏大的社會結構，人與問題的關係也變得十分疏離遙遠。問題在外化的同時，必須把它對人的影響具體化和情境化，才能勾劃出問題的影響範圍，進一步才把外化的問題與孕育它的社會情境構連起來。在外化的論述中，人會冒出頭來，並在生活中把自己當成生命故事中的主角，而不是把問題內化為自己的一部分，無從入手。就以上述大懶蟲的論述情節為例，人可以把大懶蟲物化和外化，例子如下：

1. 它出現時的面目如何？
2. 它有沒有什麼朋友？
3. 它如何說服你是一個沒有能力的人？
4. 它如何侵占你的生活，並使你感到難過？

5. 它以何種手段攻擊人、耍什麼伎倆蠱惑人心？
6. 在什麼時間或情況下，它的攻擊最為猛烈？
7. 在生活中有受它攻擊的人會有什麼感受？他們會受到什麼影響？
8. 它用什麼方法影響你的朋友和家人對你的看法？
9. 它用什麼手段，把你隔離於朋友？
10. 它帶來的惡果有否使你體驗不到自己所欲之信念和價值？
11. 如果有一天，它突然消失於人間，你的境況會如何？

當問及這些問題時，我們就開始把問題外化並與人分開。把問題命名是相當重要的一步，輔導員也要盡量嘗試把問題命名的權力放在案主的身上。但在輔導的初階段，輔導員或許會在案主用過的詞彙中，抽取其中一個名詞，以作探討。當案主對問題有較大掌握時，輔導員也會重新邀請案主給問題作出命名。案主不一定以大懶蟲命名他所面對的問題，他可能以它的影響力而命名，比方說懶散、心散、拖延等；他甚至可以在他熟悉的漫畫中，選擇其中一個人物，以作問題的命名。

如果說人是權力運作的主體，被分離或外化的問題也有其權謀策略。問題如何施謀、如何部署，也總有它的考慮，也會因應人的狀況而作出改變。個人在人與問題的空間距離中，能洞悉問題的權力策略，注意到它的強勢之處，也開始留意到它的弱點和破綻，個人因應著問題的狀態也作出策略部署，減少問題對人的影響，或是處理、修正彼此的關係。問題彷彿是一個活生生的人物，終日以不同手段對付人，尤其在人較軟弱的時候，施以最嚴厲的攻擊。問題也很狡猾，以不同面具示人，甚至與人作出交換、交易，務求它的最終目的能得到實現。把問題賦予擬人化或人格化（personification）特徵的觀點和技巧，無疑是敘事治療對後結構視野的一大貢獻，尤其是適用於兒童和少年人（Freeman, et al., 1997）。我常邀請工作坊的參與者臨場找一物件作擬人化，並鼓勵他們多與小朋友溝通對話，走進他們的想像世界。小孩子可以與手上的洋娃娃、玩具談個不亦樂乎，我們與其說他們幼稚，倒不如嘗試進入他們的對話，體驗一下他們的經驗和特殊能力，並同時訓練自己在擬人化問題和對話方面的技巧。

●●● *重構故事與權力／知識*

故事不但描述生活，也塑造生活、塑造人。被問題滲透的故事對個人的感知影響很大，它會引起選擇性的專注和回憶，它會限制觀點、記憶，把正面和滿有希望的生活情節都給剪掉、刪掉和遺忘。在偵察例外和開發另類故事之前，案主必須充分描述問題的情況、其產生的情境，及其對人的影響範圍和影響力，方能開展重構故事的旅程。如果把問題存而不論，一開始就把關注的重點擺放在個人的優勢長處和成功克服問題的例子，只會把問題與人的關係淡化和隱藏起來，未能洞悉問題所施展的權力策略。但另一方面，如果我們只把注意力放在問題本身，而看不見與問題有別的另類事件和另類情節，也看不見案主的優點和知識，也只會深化問題對人的影響力，無從把人視為面對問題的主體。在重構故事的階段中，我們把注意力放在找出例外的情況，和人的喜好、價值和希望，這些均有助於鼓勵人以積極的態度面對問題，並挑戰問題所施展的權術；比方說，它如何限制人的空間和活動、把人的身分規限和標籤化、把人排擠於好友和親人以外、把人隔離於一般的社會生活、把人的活動進行監視和規管等（White & Epston, 1990）。被外化的問題的故事其實是有很多空位和空隙的，問題的威力不是全面的，它的攻勢也有軟化下來或靜止的時候。在某些例外的情況下，人對問題也會作出抵抗和還擊。例外的事件和情節也會在人的生活中出現，只不過常被人遺忘在問題的外化有較成熟的描述後，例外的情況也會從人的記憶中走出來，輔導員的任務就是通過解構和重構問題，協助案主更有系統地描述另類事件，進而強化另類情節和另類故事（White, 1995）。

人是其生活的主宰和專家。但對某些傳統的治療學派而言，有問題的人卻是例外，在治療關係中，能享有專家身分的非治療師莫屬。比恩（Payne, 2000）認為，傳統的人本治療模式傾向把治療室視為重鎮，也把治療師與案主建立的治療關係視為更重要的關係，從而忽略或減弱了人在他們生活中所建立的關係群，以及這些在治療室以外所發展的關係對戰勝問題的重要性。治療師不但享有權力位置所賦予他們的權力和知識，用以界定治療關係的性質和內容，更擁有很大的影響力把治療關係從案主所建立的關係群中突顯出來。相對於這些傳統治療觀念，敘事治療十分強調去中心化的實踐（de-centering practice），治療師的任務和使命在於協助案主在輔導過程中重拾和發揮他們所珍視的關係，以達致治療的效果和目的，而不是以治療關係取代了這些在生活中有血有肉的關係（White, 2000）。除了對實在和在地的生活關係（real and local-life relationships）的尊重外，敘事治療也強調人的長處、潛能、技能和知識，及他們處理問題的特殊經驗和能力。

開始另類敘事的方法之一，便是讓案主的特質、能力、知識與問題形成對比。為了指出案主對問題的影響，治療師會強調他的能力、知識和技巧，以及他盡力想改變問題的意圖、態度和行為。無可置疑，治療師對人的能力和知識，必須有很強的敏感度。舉例來說，相對於大懶蟲的主導故事，可能出現以下的獨特結果：

1. 在畫漫畫公仔的時候，我是很用心的。
2. 我喜歡上網，尋找有關鹹蛋超人的資料。
3. 當我覺得無聊時，我會與公仔小吉傾訴。
4. 上個星期有一回，我漫不經心把《十萬個為什麼》翻一翻。
5. 在早上的時候，大懶蟲的攻擊力是最低的，它可能怕光吧？
6. 大懶蟲看來與做運動是世仇。
7. 我喜歡與小強一起做健身操。
8. 有朋友陪伴時，我沒有那麼懶散。
9. 其實我有一兩招殺手鐧可以對付它的，例如我可以發揮小宇宙力量……漫畫中的主角也有這種能力。

當聽到「發揮小宇宙力量」，我們或許是報以一笑，甚至在心中嘲笑著案主，但這些秘密的分享和透露，也可能揭示了案主對付大懶蟲的意願和能力。我們必須通過一連串滿有興致的問題，多了解這些被壓抑的另類知識，如果案主與漫畫人物有關係，我們也不妨追問這些另類關係，例如漫畫人物有什麼法子對付它，漫畫人物給予案主什麼點子、鼓勵和安慰的說話。傳統智慧告訴我們：「要從案主出發」（start where the client is），若以他們的興趣和能力為起點，他們的主體性也能被調動起來。成人和專家通常擁有權力，判定何者是知識，何者是無意義的事，並以之來評估人和案主。少年人和小孩子回想起自己因主流所排斥的特異能力而被取笑的經驗，很快就學會壓抑它，或只在他們信任的人面前才顯露出來。也許我們會擔心認同這些特異能力時，會不會把想像與現實混淆起來？但創造想像世界的能力，跟區分幻想與真實世界的能力是並不相同的。在現實生活中，我們通過戲劇、遊戲、角色扮演等活動，由一個位置進入另一個位置，也由一個角色進入另一個角色。經驗告訴我們，發展創意和想像力，與區分現實與想像的世界不是彼此對立的。對於演藝從業者而言，愈是純熟地扮演多種角色，就愈能滿足現實世界對他們演藝方面的要求。如果我們能從案主的興趣出發，不就是重新鼓勵他們成為發聲的主體。對自家認為滿有興趣的事情都不能談，又怎能踏前一步作進一步的轉化？

傅柯認為，被壓抑的在地知識往往被主流社會論述和主流實踐邊緣化，以致它們缺乏空間作出發揮和發展，而人與人之間也因而鮮有機會互相交流被壓抑的知識（subjugated knowledge）。在現實生活中，權力／知識互為作用，把人收編為自我規訓的一員，也逐漸把另類知識、另類故事片段壓下去，以致隱藏在人們的注視範圍以外。敘事治療的重點之一就是注意並重現這些被壓抑、壓制的知識。在發掘被主軸故事排擠和邊緣化的知識時，我們也重新發現人對抗問題的掙扎和衝突的歷史，及其背後的個人冀盼、渴想、願望和價值觀（Freedman & Combs, 1996）。蒐集和儲存一些例外情況只是一個開始，更重要的目的是重新組織和編寫以往一直隱晦不明的另類事件，並逐步形成反情節（anti-plot），以對抗被問題如洪水般淹蓋的主軸故事。

所謂獨特知識、另類故事不是零散的事件片段，它們能否被編織一起，端視乎對抗有問題的故事的知識、事件和情節能否得到確肯（acknowledged）（White, 2000）。從敘事治療的視野出發，知識與確肯有著極其微妙的關係，它們的字根都是以知識（knowledge）為本。確肯行動的始作俑者或許是輔導員，但重構對話和故事的主角，卻仍然是案主本人，唯有通過他們的言說和敘事，才能把被壓抑的知識和情節重現，並積極對抗問題。或許我們可以把 acknowledge 解析為 ac-knowledge 兩部分，以表示由主體表達知識（agency-communicated knowledge）的重要性。換言之，輔導員的責任只是在輔導的過程中提出問題，而不是對案主的問題和知識作出這樣那樣的分析和詮釋，務求給予案主一個有利於他們解決問題的方案和劇本，並讓他們按著有利於他們的身分和角色解決問題。這種做法或許是出於百般真心、萬般好意，但卻弔詭地把界定知識的權力從案主身上奪去。確肯由主體表達知識的重要性正在於讓案主體驗使用權力，和重新界定自我與問題的關係的可貴。說到底，敘事治療對自我（self）的理解，並不能與權力／知識分開。以往如佛洛依德的精神分析學說的問題，往往在於無視或忽略案主的權力和知識，並把發現和解決問題的重心放置在治療師身上，排拒了人成為敘事主體的可能性和重要性（Besley, 2001）。

敘事、憶記會員與迴響團隊

人是敘事的主體，也是行動的主體。行動的內容包括行動者、意圖、信念、目標、處境、工具、方法、檢討、再行動等。行動者把行動落實也有時空情境的，即過去、現在和未來。在現實生活中，這三個時空元素好像發出的箭一樣是向前進行，不能逆轉。但在敘事的實踐中，它們卻可隨輔導員和案主的對話，回來往返，由過去走向現在，也可由未來走回從前。人的歷史可以重現、重構和重寫，而實在的行動和想像的行動也可以互相拼湊和交織起來。敘事治療其中一種問題和對話技巧是「憶記會員」（re-membering questioning and conversations），意思是案主不但回憶起重要人物跟他們曾經出現過的交往和對話，以及他們共同珍惜珍重的價值和理想，案主可猜想如果重要人物知道他們對抗問題的意圖和願望，案主會得到什麼鼓勵，而案主又會告訴他們哪些點子對抗問題的攻擊。重點不但在回憶，也重新肯定案主跟重要人物是屬於同一個組群、同一個會社，擁有同樣的會員身分（membership）。案主或許不能再見已逝去的重要人物，或許也不知道在哪裡可再跟他們碰面談天，但同一的會員身分卻不受時空的阻隔，把他們緊緊聯繫在一起，由過去到現在，也走到案主的未來（White, 1997）。以下是一段有關「憶記會員」的對話，從此可窺看到筆者早期個人歷史中的兩個重要人物對個人的深遠影響。對我來說，我跟他們是屬於同一個會社的，有著一些相同的生活信念和理想。

筆者：「近來，有天晚上，我自己訪問自己，說起來好像是有點精神分裂（眾笑），腦海中突然回憶起好久以前有兩個人物，影響了我的一生。很多以前的經歷和說話片段，彷彿一一重現眼前。我已很久沒有見他們倆，也不知他們現時身處何方。若是今天我告訴他們說：『你對我好重要。』我想他們或許會嚇個半死。」

訪問員二：「你可以跟我們分享一下嗎？」

筆者：「第一個是中一時認識的同學，他高大英俊，但是他有一隻腳曾遭車輾過，做了很多次手術……有次，我受著好奇心的驅使，要他拉起褲管給我看看他的傷口。我看了後，差點兒昏倒過去，腿上滿是傷疤，流著不同顏色的液體……」

訪問員一：「你講到他好像不是人類似的。」

筆者：「我心裡面感到好痛。無法理解人為什麼會遭遇如此災劫？……中三時，他帶我返教會，我信了耶穌。我由小學一年班到中三，一本課外書都沒有看過，真的不喜歡看書。因為他，我中三下學期開始看書。好神奇，一開始，我看兩本書，一本是英文文法書。文法書不是一般書籍，十分無趣味。當時我覺得自己的英文不好，全班有兩個不及格，我拿十六分，另外一個拿四十二分。我的好朋友說英文重要。但我已經把英文文法忘記得差不多了。另外一本書是宗教書籍，書名是《密室》。當時對我來說，二百多頁的書，有如電話簿那麼厚，心想怎能捱下去。那時人很單純，容易相信我的好朋友。我想，如果我當時跟黑社會大佬，我就會變做黑社會會員。只不過我跟了這個人，我改變了……」

筆者：「第二個是預科老師。他好瘦，個子很小，看來只得九十多磅。他介紹我看中國哲學的書籍。那真糟糕，中國哲學不是 A-Level（類似台灣的聯考制度）要考的範圍。但我學人家看新儒家的著作，如唐君毅、牟宗三、徐復觀等。我好容易相信我的人。他令我對哲學好有興趣。這兩個人我永遠都不能忘記。」

訪問員一：「你講這兩位以前年輕時候的朋友和師長，他們帶領你發掘讀書、哲學及宗教的興趣。……其實，這兩位朋友對你對這個後現代的思想，關於權力，或者拆散二元對立的想法有沒有關係？」

筆者：「直接關係不大，不過他們令我對讀書、思考和信仰產生興趣……」

輔導員提問的技巧跟新聞從業員的新聞訪談技巧確實是有相似的地方，都是把重點放在「什麼人、什麼事件、什麼行動、何時、何地和如何」等幾個W的問題，不同的地方卻在於重視人與人的關係、人與問題的關係，以及問題與社會論述和社會情境的關係。敘事就是行動的一部分，人愈是回憶、猜想、推測和拓展行動，愈能把行動與敘事構連起來。這跟紀登斯所言的論說意識有些不謀而合的地方，它們均強調論述、意識和行動的關係，只不過敘事治療更為重視主體反抗問題的故事，和他們賦予這些意願、歷史和計畫的意義。

案主作為一個行動的主體不一定獨自面對問題，他們可以讓想像及真實的人物加入對抗問題的陣營。摩根（Morgan, 2000）在她的敘事實踐中，曾見證一位小女孩邀請她的家人和洋娃娃對付惡夢的困擾。這位小案主認為人多好辦事，愈是讓她信任和支持的家人和好朋友加入對抗惡夢的團隊，她愈感覺有能力去應付它和驅走它。懷特（White, 1991, p. 38）認為：「社員見證會（outsider witness group）不被鼓勵去參與結構主義者和功能主義者對心理治療的真理論述，而是被鼓勵去對家庭成員辨認出選取的發展做回應，或是推測這些發展可能是較好的。」洋娃娃、家人和朋友就成了小孩的迴響團隊以回應她選取的身分和行動，以對抗惡夢的纏擾。

以下是迴響團隊成員給予我的一些正面迴響，令人難忘，也覺得自己的分享對別人起著一些正面的作用。

參與者六：「這是我第一次參與迴響團隊。我好有興趣知道Victor是個怎麼樣的人。我聽了他好多意念，好多構想。直至我聽到他談及回憶兩個重要的人時，我就體會到憶記會員的威力……還有的就是我開始看到，Victor is a person 多一些……我當時都在想，在我的生命中，對我有影響，帶動我改變的人物。近尾聲時，我聽到Victor分享，說跟他的中學同學一起做小販，一起扮乞兒，覺得好好玩。他說還有好多故事，我其實好想多聽一點，多過他分享傳柯，多過他談及的充權、社會關係……」

在回應迴響團隊的分享時，我曾有以下一段對話，或許能反映迴響對當事人所起的漣漪：

筆者：「……我覺得我從事的充權研究和實踐，跟敘事治療可以有連接點……敘事治療不是一成不變的，它很有生命力，容許我們加添新的元素。但是若要加一點新的元素，個人必須痛下苦功，不能隨便，必要多些反思，這是第一點。第二，我覺得我跟你們有聯繫，即是你們跟我的背景很不一樣，你們大多是做輔導，做個案工作的，我可以從你們身上學習不同的東西，我覺得很有意思……」

●●● 權力／知識與行動

問題故事有其歷史和優勢，一旦我們被帶進這些故事之後，便會忽視其他更具充權意義的經驗。許多未經檢驗的主流論述和社會文化，如性別定型、階級迷思和年齡主義等，把問題故事變得理所當然，賦予它們權威，並證明它們就是「真理」。但在後結構視野的觀照下，未經檢驗的也成為問題本身。作為輔導員，佛瑞曼（Freeman）輔導過一個九歲的女孩，她深受性別角色刻板化之苦，周遭的同學和朋友認為女生在數學科得高分，別人就會覺得她不夠女性化，而女生的興趣應該是文科而不是理科。在輔導中，她開始注意到反對女生培養數學興趣的環境與性別不公平的現象是相互關聯的，也令她十分沮喪。她與另一位同學組成「反－反數學俱樂部」，討論問題與性別歧視的關係及問題對她們的影響。經過幾次聚會後，她們把那些關於問題的短文結集成書，並認為她們的知識可以幫助那些深受「反數學」問題困擾的女生（Freeman, Epston Lobovits, 1997）。

輔導員在小組中，只扮演輔助者的角色，協助女生們共同對抗問題及其背後的社會論述。將來若遇有其他女生同樣經歷這種問題，輔導員大可以借用俱樂部的文集，並在徵得案主的同意下，誦讀出問題的成因，和對抗問題的點子。把問題外化和把單獨的個體在意識上或在實際上集結起來的做法，有助於把輔導員的角色去中心化（de-centering），並同時肯定人是具有權力和能力解決問題，有份參與對抗正常化論斷造成的去權和欺壓。這種實踐方法有別於傳統的輔導模式，盡量把輔導員的影響力減少，也打破個案工作和社群實踐工作兩者間不必要的分割。敘事知識（narrative knowledge）的來源和生產者是對抗問題的人，而不是輔導員。輔導員的任務是確肯敘事知識和技巧，加強敘事主體的相互結連，並自然地催化社群實踐在外化和解決問題所扮演的角色。深受問題困擾的個人不是孤單的，與他們同行上路的不但有輔導員，也有曾經滄海的人以及家人和朋友。治療性關係不再單單圍繞著輔導員和案主而發展，也隨著對抗問題的個人加入而有所擴展。

結構主義者認為權力關係總因應著人的位置和身分有所區別，而結構化的權力關係亦沿著年齡、性別、身體、族群、性傾向等不同面向，而產生欺壓者和受欺者相互對立的現象。但正如前文所言，後結構主義者認為權力並不如商品般可以被擁有，而權力關係也是多元和流動的。其實作為男性施暴者，他同時間也受著暴力問題所困擾。把暴力問題外化，不是為男性施暴者開脫，並把他們視為性別結構的被動受害者，而是重新揭示暴力問題對他們的生活造成的宰制，視他們為參與對抗暴力行動的一份子。外化問題可以包括：

1. 暴力問題對個人生活和家庭生活造成什麼不良影響？
2. 暴力出現時，它的特徵是什麼？
3. 你如何形容暴力這個傢伙？
4. 暴力是否把你帶到一個你不喜歡的生命方向？
5. 暴力是否給予你一個並不選取的身分？

6. 暴力如何衝擊你的自尊心？
7. 如果暴力進一步傷害你的親人，你會覺得怎樣？
8. 如果暴力把你吞噬，你的生活會變成怎樣？
9. 在暴力問題未出現以前，你與家人和伴侶的生活是怎樣的？他們與你的關係又是怎樣？

外化的對象不一定是單一的，也可以雙重或多重的面貌出現。除了外化暴力本身以外，韋以斯和史懷哲沙（Wirtz & Schweitzer, 2003）與敘事團體工作的組員談及男士作為丈夫和父親在家庭中的責任，他們進一步把責任的朋友和敵人外化，責任的朋友就是那些讓他們遠離或消除暴力威脅的元素，而相反責任的敵人就是那些把他們臣服於暴力問題的成因，讓他們通過敘事，更能清楚知道責任的敵人施展哪些權術伎倆，破壞自身抗禦暴力的能力，而責任的朋友又在什麼時候和情境出來幫助他們減弱及消弭暴力的攻擊。施暴者在幼年時候或許曾受虐待，或曾經與母親站在同一陣線對抗父親的施暴。一般輔導員也許不傾向與案主談及這段歷史，以免合理化了施暴文化的繼承。但敘事治療輔導員敢於讓案主敘述他們如何在暴力面前作出頑抗，回憶那些有用的點子是什麼，從而強化案主對暴力及其所產生的惡果的認識，並對受虐者作出個人的認同（Augusta-Scott, 2003）。充權和權力關係不是零和遊戲，也不是你輸我贏的困局（黃昌榮，2003），有效地把問題外化和尋找另類情節，有助於把人從施暴者的身分抽離出來，重新選擇被選取的行動、價值和身分，並最終有利於造成雙贏的局面。

結語

從後結構視野出發，權力和知識是有緊密聯繫的。專家們參與塑造各種社會的論述，有利於他們決定什麼知識是正確的，或具有認受性的。敘事治療的重點之一就是批判專業權力對知識的壟斷和對問題的界定，並探索人與問題的複雜關係。解決問題不一定是一勞永逸的，但人在認識了問題對自身的影響範圍和後果，以及洞悉它的權謀策略和有助其施展的社會情境後，當一再遇到問題出現時，也能以較坦然的心情面對，並以更多有用的知識和連同更多有助力的人物對付它。人與問題的關係是交錯多元的，可以是對抗性的，也可以是共存的。電影「美麗人生」（港譯有你終身美麗）中的故事主人翁發現，原來與腦海中的聲音和人物能以更和諧的關係共存，與其採取驅趕性的手段，倒不如與問題共存並適當地控制它，反而對自己更為有利。後結構視野和思潮，尤其是那些關於權力／知識的觀點，有助於我們批判社會論述和專業知識對人的宰制，並解開人與問題的關係的死結，揭示問題施展的權力手段及它所造成的破壞，重新開放並開發解決問題的另類策略和方法，使權力回歸案主和受問題打擊的社群，讓他們成為生產知識以及作出行動的主體。

參考書目

高宣揚（1999）。後現代理論。台北：五南。

黃昌榮（2002）。從後現代主義看青少年問題，載於李永年編著香港青少年問題——二十一世紀初的現象、剖析與對策。香港：香港大學，97-118 頁。

黃昌榮（2003）。青年充權工作十問十答，載於趙雨龍、黃昌榮、趙維生編著充權——新社會工作視界。台北：五南，33-50 頁。

霍韜晦（2004）。當代文化批判——一個東方人文學者的回應。香港：法住。

Augusta-Scott, T. (2003). Dichotomies in the power and control story: Exploring multiple stories about men who choose abuse in intimate relationship'. In Dulwich Centre Publications (ed) *Responding to violence: A collection of papers relating to child sexual abuse and violence in intimate relationships*. Adelaide: Dulwich Centre Publications, pp. 203-224.

Besley, T. (2001). Foucauldian influences in narrative therapy: an approach for schools. *Journal of Educational Enquiry*, 2 (2):72-93.

Brooks, P. (1984). Reading for plot: Design and intention in narrative. New York: Knopf.

Derrida, J. (1978). Writing and difference. Trans. A. Bass. Chicago: University of Chicago Press.

Foucault, M. (1980a). Two lectures. In C Gordon (ed) *Power/Knowledge: Selected interviews and other writings 1972-1977 by Michel Fo-*

ucault*. Hemel Hempstead, England: Harvester Wheatsheaf, pp. 78-108.

Foucault, M. (1980b). Truth and power. In C Gordon (ed) *Power/Knowledge: Selected interviews and other writings 1972-1977 by Michel Foucault*. Hemel Hempstead, England: Harvester Wheatsheaf, pp. 109-133.

Foucault, M. (1980c). The confession of the flesh. In C Gordon (ed) *Power/Knowledge: Selected interviews and other writings 1972-1977 by Michel Foucault*. Hemel Hempstead, England: Harvester Wheatsheaf, pp. 194-228.

Foucault, M. (1997). The ethics of the concern for self as a practice of freedom. Trans. R. Hurley and others. In P. Rainbow (ed) *Michel Foucault: ethics, subjectivity and truth, the essential works of Michel Foucault 1954-1984*, *Vol 1*. London: The Penguin Press, pp. 281-301.

Freedman, J. & Combs, G. (1996). *Narrative therapy: The social construction of preferred realities*. New York: Norton.

Freeman, J., Epston, D. & Lobovits, D. (1997). *Playful approaches to serious problems: Narrative therapy with children and their families*. New York: W.W. Norton & Co.

Giddens, A. (1991). *The constitution of society: Outline of the theory of structuration*. Cambridge: The Polity Press.

Giddens, A. (1993). *New rules of sociological method*, 2nd edition. Cambridge: The Polity Press.

Morgan, A. (2000). *What is narrative therapy: An easy-to-read introduc-*

tion. Adelaide: Dulwich Centre Publications.

Parsons, T. (1960). *Structure and process in modern society*. New York: Free Press of Glencoe.

Payne, M. (2000). *Narrative therapy: An introduction for counsellors*. London: Sage.

Tew, J. (2002). *Social theory, power and practice*. London: Palgrave Macmillan.

White, M. & Epston, D. (1990). *Narrative means to therapeutic ends*. New York: W.W. Norton.

White, M. (1991). *Deconstruction and therapy*. Dulwich Centre Newsletter, 3, 22-41.

White, M. (1995). *Re-authoring Lives: Interview & Essays*. Adelaide: Dulwich Centre Publications.

White, M. (1997). *Narratives of therapists' lives*. Adelaide: Dulwich Centre Publications.

White, M. (2000). *Reflections on narrative practice: Essays and interviews*. Adelaide: Dulwich Centre Publications.

Wirtz, H. & Schweitzer, R. (2003). Groupwork with men who engage in violent and abusive actions. In Dulwich Centre Publications (ed) *Responding to violence: A collection of papers relating to child sexual abuse and violence in intimate relationships*. Adelaide: Dulwich Centre Publications, pp. 187-202.

Wittgenstein, L. (1953). Philosophical investigations. Oxford: Blackwell.

第三章

個人身分詮釋及確立儀式

黎玉蓮

個人身分詮釋及確立儀式是敘事治療芸芸中的一個技巧。這個技巧是通過一群特別組合的聽眾去協助當事人從負面、蠶食性的舊有身分中釋放出來，從而建立一個令當事人所雀躍、所選取的另類身分。文章的目標是希望能簡略介紹個人身分詮釋及確立儀式的背後理念，和當中涉及的一些微細技巧。為了方便讀者明白和掌握，當中亦簡述了一個青少年人的蛻變；怎樣通過這個敘事治療技巧把小明從滋事、反社會的身分中釋放出來，使他有更大的空間去尋找和建立另一個他所雀躍、喜歡的另類身分。

1　個人身分詮釋及確立儀式（Definitional Ceremony）與敘事治療（Narrative Therapy）簡介

在敘事治療的哲學、理念思維世界中，生命是透過故事這個「媒體」來傳釋的。在這個大故事（生命）裡是有著無數的小故事、小插曲，他們之間是由一個主人翁及其身旁無數的人在時間的點滴中，在他們的行動中、生活裡活出這些大大小小故事的主題。而這些主題往往在有形無形、不知不覺之間，構成及確定了主人翁的身分。

例如，在十四歲小明的生命中充斥著以下故事：上課不留心、拒絕交功課、休息時搗蛋、對同學粗言穢語、在家中欺凌弟妹，並有偷錢及多次離家出走的紀錄。試想想這些「故事」對小明構成及確立了一個什麼身分呢？試想想這些「故事」亦對小明身旁其他的「配角」又詮釋及確立了一個怎麼樣的身分給這個小主人翁呢？

麥克懷特早期被湯姆安德遜（Tom Andersen）的迴嚮團隊工作（Reflecting team work）吸引及被 Karl Tomm's 鼓勵而開始鑽研個人身分詮釋及確定儀式。在麥克懷特不斷探索及琢磨個人身分詮釋及確定儀式中，深受巴巴拉麥爾霍夫（Barbara Myerhoff）❶的思想影響，當中巴巴拉麥爾霍夫及麥克懷特的哲學、思維理念實在有很多異曲同工之妙！

巴巴拉麥爾霍夫曾經強調「個人身分詮釋及確立儀式中，生命不是『文本』那麼簡單；生命是關於怎樣去詮釋、演譯及表現生命。」（Definitional Ceremony is not “life as text” but rather “life as the performance” of text.）用敘事治療的述語來演譯這句即是：生命的意義，個人身分的詮釋、確立、定位不一定被這些大大小小故事／文本的主題、副題所規限、被卡住、被扣上

❶ 巴巴拉麥爾霍夫是位「文化考古學家」。她對麥克懷特的重要影響包括：她鑽研在第二次大戰後德國一群移居美國 Los Angeles 的猶太人（Jews）。他們經歷過種種巨大的影響：大規模滅族的洗禮、喪失了很多對他們重要的親友、移居於一個陌生的國家、經歷身旁同輩因年老而相繼離去。他們是怎樣重建和詮釋自己的存在和個人身分呢？

枷鎖。反之，通過敘事治療的不同「媒體」〔如外化對話、重寫故事對話（re-authoring conversation）、憶記會員（re-membering）、確立儀式、解構、去中心實踐及另類生活技巧的敘錄（documentation of alternative stories and knowledge）等〕可：

1. 重新演譯舊有、傷害性、負面的故事，使主人翁從內疚、自責、自憐、悲慟、負面的身分定位中釋放出來。
2. 重新尋找已被遺忘的另類故事，而這些另類故事是抗衡著舊有、傷害性、負面地支配著個人定位故事／文本。
3. 重新發掘故事主人翁不顯眼、不著跡而又對生活、對生命所發出的知識和技巧。
4. 協助故事主人翁尋找自己喜歡、自己選擇的生活取向和目標，以及做人和事的價值觀和理念。
5. 提供空間給主人翁演譯、表現、表演抗衡舊有和支配負面身分的另類故事。

同時，以上種種敘事治療「媒體」亦可騰出空間給主人翁表現、表演對生活的知識和技巧，以及重新詮釋對自己選擇的生活取向和目標、做人做事的價值觀和理念。個人身分詮釋及確立儀式亦正正是為了達到目標 5. 的「媒體」。

在簡介什麼是個人身分詮釋及確立儀式之前，大家還記得上文提過小明嗎？他被類似的負面和霸道故事籠罩身分的定論。反社會性格失常（Anti-social personality disorder）、滋事分子、害人精等的標籤都會緊附於小明身上，這些標籤更會成為他個人身分的結論，牢牢地扣在他身上。同樣地，這些標籤亦會成為小主人翁周邊「配角」對他的唯一認識。請你試想想，這些個人身分的結論對小主人翁及他周邊的「配角」是否會產生及維持一定的影響力呢？試想想這個人身分的結論有多大的程度會支配著小主人翁對人、處事的態度和技巧？同樣地，這些個人身分的定論又有多大的程度決定其他「配角」採納用什麼眼光來定位小主人翁呢？小主人翁和「配角」之間的互相「推動」所產生的「化學作用」，又會怎樣延續、伸展這些對小明的個人身分結論呢？在這樣的空間裡，試問小明又怎可建立另類、他所較為喜歡的個人身分呢？

2 什麼是個人身分詮釋及確立儀式呢？

巴巴拉麥爾霍夫曾說過，當文化處於混亂和分裂的時期，在生活裡是不容易遇上恰當的聽眾，而這些恰當的聽眾是可以聆聽認同和接納我們重整個人的身分。當生活上遇不到這些恰當的聽眾，我們可以透過其他渠道去組合這群恰當的聽眾。當主人翁向這班恰當的聽眾去「表演」、「表現」、「展示」他／她較為喜歡、較為接納的另類個人身分時，而這群恰當的聽眾是願意聆聽、接納和認同的時候，主人翁較為喜歡和接納的另類個人身分便可以重新詮釋和確立了。這就是巴巴拉麥爾霍夫所說的個人身分詮釋及確立儀式了。

回到主人翁小明的情況上，恰當的聽眾可從他熟識的「配角」中徵募，這包括他的父母、老師、同學、鄰居、朋友等等……可是，如果在小明生命中的「配角」裡找不到恰當和願意的聽眾去聆聽、接納和認同小明另類個人身分的時候，我們可以徵募其他小明不認識的恰當人選。他們可以是經歷過類似問題的，亦可以是熟識這些問題的有志之士來擔當，甚至可以由其他輔導者來充當。

3　麥克懷特的社員見證會（Outsider Witness Practices）是什麼呢？

如上文所說，麥克懷特承繼了巴巴拉麥爾霍夫的個人身分詮釋及確立儀式精粹之後，他創立了社員見證會，並將巴巴拉麥爾霍夫的精粹用之於臨床的境界裡。社員見證會有以下的成員：主人翁、輔導員及至少一名社員。輔導員及社員是被委託特定責任及角色的。這個委任和角色是受著特定方向（orientation）所引領的，這將在下文有更詳盡的解釋。但首先在社員見證會當中有以下的程序：

3.1　故事敘說（telling）

在故事敘說的過程中，輔導員會和主人翁進行輔導的交談。通過運用敘事治療的「媒體」，輔導員的特定責任和角色在於協助主人翁達成以下的其中一些「里程碑」。如重新演譯舊有、傷害性及負面的故事片段，又如重溫一些已被遺忘的另類故事，又如重新發掘故事主人翁不顯眼、不著跡而又對生命所發出的知識和技巧，又如協助主人翁尋找自己喜歡的生活取向和目標，及做人和做事的價值觀和理念等等……社員的特有任務在於留心聆聽。這些里程碑的「可現性」和可能發展的空間，其目的是尋找另類故事，以便協助主人翁開拓、重整、重建別的個人身分空間。

套用小明的情況，以下的問題可作為參考，來協助主人翁邁向那些「里程碑」。以下的問題只作參考之用，選取問題的先後次序與否在乎小明的迴響。如果問題能在小明身上產生「迴響」，這些問題便能達到它們預期的效果。切記不可枉顧小明的迴響而「連珠發炮」。在稍後的下文裡，會有較深入關於「迴響」的探討。例如：

1. 小明你有否想過上課不留心、拒絕交功課、休息時搗蛋、對同學粗言穢語等的行為會對你構成什麼影響？這些事情又為你帶來什麼後果？這些行為怎樣影響你、你和同學、你和老師的關係呢？這些影響對你來說是正面還是負面？
2. 小明，在眾多的指責中，你最不喜歡的是哪一樣？為什麼？你最不介意的又是哪一指責呢？為什麼？
3. 小明，我可否問你一些問題是關於你上中文課堂的表現？中文老師指出你在她的課堂表現尚為合作，還可安坐在你的座位裡。她亦提及你過往曾舉手答問題。小明，你在中文課堂的表現和在其他課堂的表現有什麼不同的地方？如果你要形容在中文課堂表現的不同，你會怎樣描述？這些不同的表現為你帶來了什麼影響？這些影響對你是良好的，還是有傷害性的？有什麼關於中文課堂是可以促進小明你的這些表現呢？小明你可否和我一起分享這些經歷呢？

4. 在家中，媽媽指責你欺凌弟妹、偷錢及多次離家出走。小明，你有沒有想過這些行為會怎樣影響你，以及你和家人的關係？這些行為是否為你帶來快樂或是為你增添煩惱？又或者這些行為給你帶來了什麼快樂？又為你加添什麼麻煩呢？
5. 這些行為在何時開始出現？小明，你還記這些行為還未緊纏於你的生活，你和家人的關係是怎樣的？是否也和現在一樣緊張呢？那時的你又是一個怎樣的孩子？他那時最喜歡的玩意是什麼呢？小明那時的「強項」又是什麼呢？

如上文所說，在故事敘說中，社員的特定責任及角色是聆聽那些里程碑的「可現性」和可能發展的空間。大家或許有這樣的一個經驗：當聆聽一個故事完畢後，大家所關注的故事元素是很不一樣的。故事對大家所產生的共鳴、迴響與否，所觸發的感受，甚至被故事所觸發而重臨的已故經驗、已故的事都大有不同。在聆聽的過程裡，社員是被委託了特有的期望：聽取上文所提到的「里程碑」。除了這些「里程碑」外，社員亦可特別關注及聆聽以下的輔導交談內容，如：

1. 主人翁接受輔導的原意是什麼呢？主人翁寄望輔導可以協助他／她達到什麼目標？解決什麼困難？當這些困難被解決之後，主人翁的光景又有什麼不同？這些新憧憬、新的寄望又對主人翁有什麼特別和重要性？
2. 主人翁在困難、艱苦、失望、氣餒、憂慮等情況下，是怎樣保存僅有的希望、寄望或憧憬呢？

3. 主人翁的任何體驗、經歷、故事是抗衡著舊有、傷害性、負面支配性的個人身分定論。
4. 主人翁的任何體驗、經歷、故事被他／她認為為喜歡、較為認同的發展方向。

回到主人翁小明的情況上，社員可以特別關注和聆聽以下輔導交談的內容，如：

1. 在學校裡，小明的心裡是希望做一個「正常」的學生，就像其他同學一樣，而不是老師的眼中釘，更不是被其他同學所排斥、所討厭的人。
2. 在家中，小明渴望得到其單親媽媽的關懷，正如對待弟妹般對待自己。
3. 在失望、氣餒、被無情批判的「絕境」中離家出走，小明是怎樣保存那僅有的寄望、憧憬呢？
4. 小明過往未被這些霸道故事纏繞的時候，他很喜歡用紙摺小動物給他所喜歡的老師和他單親的媽媽。他甚至「教過」弟妹怎樣摺紙飛機，他還記得弟妹當時臉上的表情。
5. 小明在中文課堂的表現——安坐在座位裡、留心聽講、舉手答問題等等。

3.2 故事重敘（re-telling）

在故事重敘裡，主人翁採納聆聽者的角色。換言之，主人翁在故事敘說中是「表現」、「展現」、「表演」另類個人身分空間。主人翁在故事重敘中是聆聽社員詮釋他／她在故事敘說時「表現」、「展現」和「表演」。社員的特有責任和角色是從故事敘說中，把要注意和聆聽的地方和他們自身的經驗和個人故事結合起來作出迴響。這些迴響是跟從「指定」的方向。

在探討這個指定的方向之前，麥克懷特著重解構（deconstruct）這個特有方向之「否」。換言之，他是用了德希達❷解構原理。通過否定這個特有方向是代表什麼，從而建立這個方向是「近乎」真正代表些什麼。這個特有、指定的方向是否定以下的迴響類別：

1. 讚許、喝采、鼓掌的類別。這個類別的迴響包括：

「小明，你在中文課堂的表現是成熟的、是達到『正常』學生的模範啊！」

「小明，你替弟妹摺紙飛機，豈不是成為好哥哥的最好證明呢？我真以你為榮呢！」

「小明，你與我們分享你差點在聖誕前夕再偷媽媽的錢，但你最終都沒有受到誘惑。我覺得你不單作了一個有智慧的決定，還證明了你改過的決心！我真替你高興呢！」

這些讚許、喝采、鼓掌的類別，在社員見證會中隱藏著很多的危機和陷阱。

第一，這類的迴響可能被主人翁感覺到自己是處於受施者

❷ 德希達是近代「解構之父」——其著作對於近代的哲學及文學界的影響是十分巨大。

或被屈尊、被卑尊、被卑躬的身分。當主人翁被處於這個身分的時候，主人翁便會認為社員很難會明白和身同感受他／她的經歷和體驗。

第二，這類的迴響亦可能被主人翁認為社員在能力、社會地位、種族、性別，甚至性取向等方面優越過自己。

第三，就算主人翁喜歡這些讚許和喝采，但這類迴響無疑地建立了對主人翁的某些寄望。如果這些寄望再次達不到的時候，豈非再次令主人翁重臨失敗、氣餒、負面經歷和個人身分定位呢？

第四，這類的讚許和喝采迴響亦無疑會對主人翁作出行為、態度、思維上的批判。因為讚許是經過審核和批判的過程中得出「正面」結論。這豈不是將社員自己的價值觀及社員認同的社會規範加諸於主人翁身上，這種做法是完全假設社員的觀點、想法、價觀是比主人翁更有智慧、更具建設性的。這類的迴響亦同時否決了主人翁對自己生命是充滿著未被發掘的知識、技巧，這些知識和技巧是不足夠協助主人翁重建他／她所喜好的個人身分呢！換言之，這類的讚許和喝采迴響背後對社員的假設和含意是何等的自大和傲慢呢？再者，審核和批判他人的思維、行為、價值觀的同時，也正在構成「權力」的下壓於主人翁。❸ 這豈不是敘事治療所極力反對的嗎？試想想這類

❸ 麥克懷特深受傅柯的影響。傅柯甚至對麥克懷特較近期的思維理念是影響得最深遠的歷史哲學思想家。傅柯的龐大著作中對真理的尖銳批判，對知識、權力及對其西方社會種種制度的批判和剖譯，可說是支撐著敘事治療神髓背後的靈魂。

的讚許、喝采、鼓掌迴響，又怎能協助主人翁編織粗厚、濃密、茂盛的另類生活歷程來抗衡舊有、負面霸道的固有經歷。只有在粗厚、濃密、茂盛的另類生活歷程上，才有空間讓主人翁重建、確立他／她所較為喜歡的個人身分。

2. 無保留的強烈情緒（catharsis）抒發作為社員的迴響。這個類別的迴響包括：

「小明，我記得小時候就讀五年級時，教英文的陳老師怎樣把我看作眼中釘，還常常把我的英文默書簿當作笑柄傳給其他同學看！我是多麼憎恨陳老師及其他同學無恥的笑聲。我更因為這個經歷……」

「小明，我以前也曾離家出走。那時我被同學和老師誣告我偷了李啟發的錢。我明明是清白的，但回到家中，媽媽又不相信我，還指責我像爸爸一樣不負責任、說謊、偷錢……但我在出走前致電給我的表弟並告訴他，我會在家中附近的公園流連。跟著我會不留「痕跡」地把表弟的電話號碼放在電話旁邊。這樣媽媽便可以……」

這些毫無保留的強烈情緒抒發，作為社員的迴響也同樣隱藏著很多的危機和陷阱。

第一，當社員作出強烈個人情緒抒發的時候，社員的感情可能是自然的流露，社員的意圖也可能是為了主人翁而抒發的；可是，主人翁作為「主角、中心」的位置也會被「遷移」。同時，主人翁也可能會感覺到他／她的故事和經歷是不被尊重和認同的。

第二，這類的社員迴響亦可能包涵及隱藏了一些說教或教訓的元素，這些說教或教訓元素會無意中為主人翁提供了「比較」、自我批審的空間和材料。試問在這樣的一個環境下，主人翁又怎能詮釋和確立一個他／她所較為喜歡的另類個人身分呢？

3. 自我披露（self-disclosure）。這個類別的迴響包括：

「小明，我以前也是和你一樣誤入歧途，做過⋯⋯但最後我都痛改前非，選擇做回一個『正常』的學生和『孝順』的兒子，令同學、老師和家人接納我。」

「小明的年紀還輕，我認為如果他改過會有大好的前途。他喜歡摺紙，大可選擇『木工』科作為他未來的職業。如果小明最終考上大學，還可考慮修讀土木工程或建築，前途一定大放光明。正如我在小學時也喜歡摺紙、手工藝和繪畫。完成中七後，便修讀室內設計，後來又轉讀大學的建築⋯⋯現在我已經是位成功、出色的建築師⋯⋯」

社員的自我披露迴響最大的隱藏危機在於三點。

第一點，在自我披露的過程中，是包涵和隱藏著未經檢視的種種文化假設。這些文化假設尤其在於設定什麼是「健康、正確、真實、真確的生活規範和模式。

第二點，自我披露迴響亦會把社員的分享做了「中心」點，遷移了主人翁的生活經歷和故事。

第三點，這類的社員迴響亦會令社員對主人翁在社員聽證會的責任變得含糊、不清晰，甚至背離了原先的目標：從社員的聆聽、接納、認同中騰出空間，給主人翁表現和表演另類的故事、對生活的知識和技巧，以及重新詮釋對自己選擇的生活取向和目標、做人做事的價值觀和理念，從而確立一個較為認同和自我接納、喜歡的個人身分。

既然麥克懷特否決了：

1. 讚許、喝采、鼓掌的社員迴響。
2. 無保留的強烈情緒抒發作為社員的迴響。
3. 自我披露的社員迴響。

那麼，他指的「特定」迴響方向又是什麼呢？他指的「特定」社員迴響是包含了兩大精粹。

第一，非中心、坐落、包含性的社員迴響（de-centered, situated, embodied responses）。❹

第二，透明、清晰的理念（principle of transparency）。

這種非中心、坐落、包含性的社員迴響正是依靠著透明理念支撐著的。麥克懷特曾強調在臨床的領域裡，權力的分佈是不平均的。在群體的空間，權力的不平均更加容易誘發個體的經歷被「鑑別」、被檢視、被評核、被剝削去尊重的權利。因此，社員更加有責任互相協助和提醒大家在故事重敘裡，要把自己的迴響「坐落」於個人的自身經歷裡之餘，而中心點仍然

❹ 在一次的敘事治療培訓中，麥克懷特就非中心、坐落、包含性的迴響曾用這一個的比喻：當輔導員以自己作為中心而進行輔導，或社員以自己作為中心而作出迴響時，在那一刻，當輔導員和社員成為「中心」的主角，這個「中心點」不但擋著他們的視線，也使他們看不到故事主人翁。而這個「中心點」更加阻擋著故事主人翁向前邁進的旅程呢！因此，只有當輔導員及社員作出「非中心、坐落、包含性」的迴響，才可以協助主人翁朝著重建、詮釋他／她所較為喜歡的個人身分的旅程。

是放在主人翁的故事裡！同樣地，輔導員也要和社員一樣肩擔這個責任的。

在故事重敘裡，社員被邀請作以下四種迴響：

第一種，在故事敘說中，有什麼關於主人翁是吸引你作為社員的注意和迴響呢？什麼事觸動你的心弦？

第二種，承接著第一種迴響，主人翁在你的心裡勾起一個怎樣的肖像、形象或想法呢？這些有肖像、形象、想法令你推敲到主人翁的價值觀、信念、憧憬是什麼？

第三種，就著你第一種和第二種的迴響，你可否和我們分享有什麼關於你有自身的經歷和體會，使你被主人翁這些故事片段觸動心弦呢？又或者有什麼關於你自身的經歷和體會，使你對主人翁有這樣的想法和對主人翁產生這樣的感覺？

第四種，就著你剛才的分享和迴響，你得到了什麼新的啟示、領會、感受、明白？這些新的經歷又會帶你走到一個什麼的新領域上呢？

在這一個環節中，輔導者可以向社員提出上述的四種問題，協助社員作出「非中心、坐落和包含的迴響」；又或者，社員可以作出這些指定的迴響而不需輔導者的協助。但如果社員的迴響超越了指定的迴響範圍及陷入那些上述所形容不適當的危機中，輔導者及其他社員是有責任和義務協助該位社員根據指定的迴響方向（第一至第四種問題來作出「非中心、坐落及包含性的」）迴響。

還記得小明的境況嗎？在社員見證會中，社員可依據第一至第四種問題作出以下的迴響。例如：

社員甲：「我特別被小明心底想做一個被媽媽關懷的孩子的寄望所吸引，它勾起我對小明有一個被冷落、孤單、寂寞的感覺。這可能是由於我在中一時被派到一所全英文中學有關，這所學校要求學生一踏進校園便要用英文交談。無論在課堂裡或休息的時候，我都適應不來，唯有『合上嘴巴』，這個感覺是很孤單和寂寞的。在當時，我很希望有人能明白我的處境，給我一點關懷！這個分享幫我明白到，為何今天的我仍然很害怕在別人前說英語呢！我相信這不單是因為我的英文水準不好，還因為我不喜那種孤單、寂寞的感覺！」

輔導員可以再問社員甲：「你喜歡這個『害怕』嗎？當你說英語時，你是否願意讓『害怕』繼續陪伴你呢？」

輔導員可以再問社員甲：「就著小明的分享，有什麼關於他的故事片段可給你一些啟示，而這個啟示可否令這個『害怕』相處得協調和融洽些？」

社員乙的迴響：「我被小明想做一個『正常』學生的慾望觸動了我的心弦，這使我看到了小明的另一面，即是老師和其他同學都看不到的。我甚至推敲小明除了想做一個『正常』的學生外，他還可能有其他的理想和憧憬。我被他想做『正常』學生的慾望所吸引，因為我自小都很喜歡園藝，我甚至憧憬做一個園丁呢！但爸媽覺得我作為一個女孩子，是不適合做園藝的『粗重』勞動！他們喜歡我發展女性的興趣，如玩娃娃、扮家家酒等玩意。我曾有一段頗長的時間質疑為什麼自己的興趣不被爸媽所認同、所接納，以至我懷疑自己是否是一個正常的人。這個分享使我深深地體會到其他人的接納是何等的重要啊！所以，我感受到小明被視為不正常、被別人離棄的孤單及寂寞之情；我亦推敲出小明可能除了希望做一個正常的學生之餘，還有未被人發掘的理想及憧憬。這件事讓我體會自己當年不被認同園藝的興趣，更談不上實現做園丁的夢想。小明的分享使我感受到一股衝動去告訴爸媽，他們當年給我的寄望和壓力，對於一個小女孩是何等的沉重呢！」輔導員可以考慮再問社員乙：「當你告知他們後，你希望他們會有什麼反應呢？」社員乙：「我希望他們會明白和理解的！」輔導員再問：「為什麼呢？」社員乙：「這可幫助他們對於孫兒們的興趣和個人發展給予多些空間、認同和理解。」

社員丙的迴響：「我被小明摺紙飛機給弟妹的片段深深觸動了我的心弦，我甚至從小明的描繪中看到他弟妹的那份喜悅、興奮的心情！我看到小明關心和照顧弟妹的神情；我更加看到小明替弟妹摺好那張紙飛機，形象就如『大哥哥』模樣的成功感。我也在推敲小明除了摺紙之外，還有什麼『知識』、『技巧』？這些知識和技巧又怎樣『緊扣』他和弟妹的關係？我期待聽取小明作為『大哥哥』的其他故事。這些片段使我回憶起我的姊姊在兒時對我的照顧。在我童年的時候，爸媽都為了生活奔馳，在家中就只有姊姊照顧我們的起居飲食。這個分享使我重臨已被遺忘的生活片段：有一年的大年初一，爸媽也要回到工廠裡『趕貨』，但他們為我們各人預先買了拜年穿的新衣服。我迫不及待穿了媽媽買給我的新裙子，但一不留神，裙子的左邊拉鍊給『卡住』了。我愈用力地拉，拉鍊也就『卡住』得愈實。我害怕弄壞了拉鍊後，我不可以再穿那條漂亮的裙子。情急之下，我哭起來了。那時姊姊走近我的身邊，她並沒有取笑我，還輕輕地鬆解了『卡住』的地方。現在說來，我的心窩有一股暖流湧出來！小明，多謝你的分享。這個分享使我再次感受到和姊姊的親密關係。我會打電話給姊姊和她重溫兒時那些美好的回憶！」

社員丁的迴響：「小明在中文課堂的表現最觸動我的心弦。我甚至看到這樣的一個畫面：小明在其他課堂是『滋事分子』，但他在中文課堂的表現像一隻純良的小綿羊。我在中學時有相類似的經驗。有些老師好像『有鬼附身』一樣令我把最壞的一面都表現出來；可是，有些老師卻令我把最『好』的一面都展示出來。回想起來，我應該多謝張老師，她不單是位出色的歷史老師，她更啟發我對歷史的興趣。但她對我最重要的影響在於我差點兒被開除學籍的時候，她替我和校長說『好話』。她更遊說其他老師給我一個翻身的機會。」社員丁說到這裡也有一點淚水。社員丁：「我想小明的中文老師和我的張老師都是十分難得的好老師！他們都能在其他老師眼中的壞孩子發掘到正面、可取的地方。」

3.3 故事重敘再重敘（re-telling of the re-telling）

在故事重敘再重敘中，社員再次做一個聆聽者的角色。輔導員的特定職責是訪問主人翁在社員見證會中的感受；有什麼關於社員的迴響是觸動了他／她的心弦及其原因；重點亦在於探索社員的迴響可能怎樣協助主人翁達到新領域和新「里程碑」；甚至可以協助主人翁重建和確立一個他／她所較為喜歡的個人身分。

3.4 大會合（retelling of the retelling）

在大會合中，主人翁、社員及輔導員「聚首一堂」不再分聆聽者和講述者的角色了。大會合的目的是讓主人翁有機會直接和社員對話，查詢社員為什麼會問這些問題或作其他的迴響和查詢；中心點仍然落在主人翁身上。在大會合中，目的是要貫徹透明、清晰的理念，重新更易主人翁與輔導者和社員之間的權力不平均。

4 非中心、坐落、包含性的社員迴響跟共鳴（resonance）和迴響（reverberation）之間的錯綜複雜關係

麥克懷特曾引述 Gaston Bachelard 對於意像（image）的著作。他曾指出，當社員面對主人翁的故事所觸發的意念而產生的非中心、坐落、包含性的迴響時，這些迴響是由主人翁故事的片段所引發，但其內容卻和社員的自身經歷相結合。當主人翁感觸到其經驗被社員明白、理解和接納時，這些非中心、坐落、包含性的社員迴響有較高的可能性會為主人翁帶來共鳴，繼而產生一些對主人翁的重要意念。這些意念又會帶主人翁進入不同的感官和記憶系統中，勾起過往已被遺忘的另類經歷。這些被勾起的另類經歷可能再引領主人翁走進另外更多的被遺忘經歷，猶如進入了一條時光隧道，重臨那些抗衡霸道的舊有

故事。這種走進時光隧道的另類經歷，對於重整、重建詮釋較為喜歡的個人身分十分重要。

同樣地，主人翁的故事片段亦會為社員勾起對其重要的意念。當這些重要的意念和自身的經歷所結合，亦帶社員進入不同的感官和記憶系統中，勾起過往已被遺忘的另類經歷。這些被勾起的另類經歷可能再引領社員踏足於更多已被遺忘的另類經歷，仿如走進了一條時光隧道的旅程。這個經歷可為社員領悟到新啟示，領會明白、理解，從而引領社員走上一個新的領域。

當主人翁意識到自己的故事能激盪社員，而且引起這麼大的迴響時，這一切也可能引領主人翁走進另一輪的共鳴和迴響，仿如踏足於第二條時光隧道一樣！這豈不是麥克懷特所指出：敘事治療的目的是把人們的生命旅程，通過相類似的共有信念、理念、寄望和憧憬所連結起來嗎？

後記

一年多前，一群「醉心」於敘事治療的輔導者因敘事治療而「聚」在一起學習、鼓勵和鑽研，我們選擇用個人身分詮釋及確立儀式，來與讀者分享我們作為敘事治療輔導者所遇到的喜樂和挑戰，以及當中與自身經歷的結合。

或許作為讀者的你已察覺到，我們進行個人身分詮釋及確立儀式中有許多「未如理想」的地方。我也十分同意這個結論。但正如麥克懷特所給自己和其他學習敘事治療「學生」的勉勵：敘事治療的技巧是需要“practice, practice and practice”，我衷心希望你也能和我們一樣擁抱對敘事治療的熱誠和實踐（practice, practice and practice）的理念。

* 在此衷心多謝基督教懷智服務處給予本人在德威曲中心進修為期一年的深造課程。這個學習機會使我對個人身分詮釋及確立儀式有更深入的認識，間接協助我完成這篇文章。

參考書目

Epston, D. & White, M. (1992). *Experience, Contradiction, Narrative & Imagination: Selected papers of David Epston and Mchael White, 1898-1991*. Adelaide: Dulwich Center Publicaitons.

Foucault, M. (1997). *Ethics: Subjectivity and truth*. New York: New Press.

Myerhoff, B. (1982). "Life history among the elderly: Performance, visibility and re-membering." In Ruby, J. (ed) *A Crack in the Mirror: Reflexive perspectives in anthropology*. Philadelphia: University of Pennsylvania Press.

Myerhoff, B. (1986). "Life not death in Venice: Its second life." In Turner, V. & Bruner, E. (eds) (1986). *The Anthropology of Experience*. Chicago: University of Illinois Press.

Russell, S. & Carey, M. (2003). Outsider-witness practices: Some answers to commonly asked questions. *International Journal of Narrative Therapy and Community Work, No.1.*

Simons, J. (1995). *Foucault & the political*. New York: Routledge.

White, M. (1995). Reflecting teamwork as definitional ceremony. In M. White, *Re-Authoring Lives: Interviews and essays*. Adelaide: Dulwich Centre Publications. pp.172-198.

White, M. (1997). *Narratives of therapists' lives*. Adelaide: Dulwich Centre Publications.

White. M. (1997). Re-membering and definitional ceremony. In M.

White: *Narratives of Therapists Lives*. Adelaide: Dulwich Centre Publications. pp.2-114.

White. M. (2000). Reflecting team work as definitional ceremony revisited. In M. White: *Reflections on Narrative Practice: Essays and interviews*. Adelaide: Dulwich Centre Publications.

White. M. (2000). *Reflection on narrative practice*. Adelaide: Dulwich Centre Publications.

White, M. (2003). "Narrative Practice and comunity assignments". *The international Journal of Narrative Therapy and Community Work*. 2003, no.2, pp. 17-55.

White, M. (2004). *Narrative therapy and exotic lives*. Adelaide: Dulwich Centre Publications.

White, M. & Epston, D. (1989). *Literate Means to Therapeutic Ends*. Adelaide: Dulwich Centre Publciations.

第二部分

生命重建篇

第四章

實踐路上自我敘事治療

岑秀成
訪問員：黎玉蓮、秦安琪

前 言

一段前言走在一篇文字之前，就像一段生活故事走在一個生命的前端，但和這生命是連體、共存，也是同一部分的。

沒有童年的生活，小學的經歷，少年的反叛，青年的不羈，成年的掙扎，成人的承擔、風雨、成熟的磨練，驚濤駭浪和今天的堅守、珍惜，這個故事也許就是另外一個不同的故事。

本來，另外一個可能更刺激、吸引的花花世界，但已經不是我所信守和感激、感動的。裡面的情節、景況、人物、細節，也會因陌生而變得黯然失色的。

當然，同樣的道理，我的故事對你／妳來說，可能未會構造精采人生一頁而有所懷念、重視，但箇中的過程和扣人心弦的情節、冀望，生命和生命接觸所擦出火花而延續火炬斑斕的機緣、意會、體現；給願意尋找生命意義的心、靈魂一個另類的可能性。

—盼望每位心靈都找到平靜—

對話前的探索

接觸「敘事治療」日子不太多，卻深深地被它牽動。在感性親切，近乎淺白，又略帶嬌嗔，要求讀者再作思考的文字，詳細地記載著一點一滴、完完全全的思維，照顧到每一分、每一寸、每一境況的感受；細緻地描繪刻劃人性的各種心靈、思想上所經歷每一少許的掙扎、反思、過渡、解構、堅持、信守而兼容人性的一點點真。

在實踐再揣摩、印證與共融、表達信息和概念、觀摩而再實踐當中，曾經的生命歷程輔助了願意共行去發掘生活片段新意義的心和行動。是什麼打動了一班熱忱而資深的社會工作朋友，在探索和謙卑的分享「敘事治療」的理念和實踐的絲絲架架……在源源不絕的個案實踐過程中，看見晨曦的暖和、平和、安慰、欣喜、奇幻；再見新的希望、追求、企盼……

回首「敘事治療」課程中，[1]大家都有「著魔」的感覺，和貪婪的搜索敘事治療各種理念之背後意義的行為。在課堂上，不斷受新的思維、信念（但和他們也有老朋友的感覺）的衝擊，卻又能牢牢抓住棚架，闖蕩著新領域的康莊大道。在敘事地圖上，滿是明確辨別方向的指南針，輔以熟識的心理、輔導、社會學理念——和簡易的人性概念，去給予問題及其衍生

[1] 指筆者曾參與在2003年10月於香港浸會大學麥克懷特舉行的敘事治療工作坊及深造班一。

的行為一些另類演譯。過程是舒暢的、發人深省的；方法是奇特的、似曾相識的，易明白卻不容易掌握的。為什麼會是這樣呢？

在課程的第二部分中，沉浸在朋友們的開放及無私參與，熱忱投入和探究，反覆的尋找不存在、但卻隱含（absent but implicit）（White, 2000）；喜見多種信念、技巧、概念展現，箇中的理念亦悠然而生。

課程的開始原本已經是生命追尋的過程，是揀選的，也是偶遇的；內容是豐富的，也是意想不到的驚嘆、觸動、感性和發人深省。課程的完結卻又顯現迫不及待的實踐的開始，漫長而寓意深遠——像是在無限的無知中去追尋有限的知識，無畏艱辛和預知無花果的努力中螳臂擋車似地去勇猛衝刺！

熱忱和呼召卻足以支撐信念，平凡卻奇特的個案談話和討論課題機會，開拓新天地，領受敘事意念和概念的不同方向、機緣；也賦予接受訪談的意義和開拓那未知的好奇心和夢想旅程。

談話實體

訪問員一：我想問是什麼令「敘事治療」吸引著你呢？

筆者：「敘事」概念喚醒我們本來是「平淡」、「白開水」、「無法改變」的生活經驗；用珍惜、尊重，重蹈經歷、留心及覺悟身邊的架構、藩籬、壓力、規範去感受自己當時的感受；更清楚領悟自己因為這種情況下所要接受的影響。把自己選取的片段，在解除打壓下，重新編序後再重新演譯，再去經驗、驗證，找回可愛的感受，開拓無限空間與機會，不同的新領域，等待我們去闖蕩、翱翔……

當然，在演譯自己的片段當中，很多習慣的、認知的經驗，模式是長年累月地重複著；不留心是很容易會忽略其存在，而深深被其同化、蒙騙而接受他們的。要細心，鍥而不捨地去細味探索，重複而小心去細味此經驗代表什麼、包含什麼、隱藏什麼，是有一定難度和容易被忽略的。

訪問員二：你曾經提及「敘事治療」吸引你之一的是故事能開拓空間，帶領新意念，可能性。你可否記得一些自己的生命片段，可以開放不同的經驗？

筆者：在懲教署工作多年，工作上習慣了一些傳統模式。一方面不開心上級給我們以權力去壓迫我們做事，卻同一時間用同一方式要求別人去工作和與其他人相處；好像這是一個傳統，不接受還須接受。從來不會問「不開心是到底為了什麼？」「這個傳統在代表什麼？」

傷痛之處是，當看見「傳統」方法奏效，更加加強了繼續其傳統方式而不去懷疑，或者深究中間隱藏著多少不公平、不開心和建構下的受害措施、受害者。

其實，在施壓的過程，看見和感受得到的會有不舒服，不開心的事情、面孔和感受，也會經歷內心甚或外來的（同事之間的、上級的）對抗的力量，然而，我們只懂得加強施壓的辦法。如果對方就範，就一方面慶幸也一方面擔心；一旦方法失敗，也不一定去明白箇中原因。將來，也一定會變本加厲施壓，因為這是經年累月我們單一學會而不自覺，認知而熟悉和其他人相處的方法，不這樣做就有離經叛道的嫌疑。

更遺憾的是，自己帶領這模式進入和家庭成員、朋友相處的世界中，把箇中不舒服的模式強化，結果，開始發覺別人開始疏離自己，而結果自己不知道其原因。

接觸到傳統的治療方案後，在處理個案中，常常急於找尋一個評估，界定和推論哪一個方案應該較為適合處理個案。在家中，朋友中以「權」、「壓迫」相處的後果，總是未能有效地以固有的解決方案表達雙方的爭持，公平的界定，以及希望增加方案的成功機會。然而，在敘事實踐的道路上，開始有種不同的意念、感受，開發了歷史、文化、語言、思維建構的認知；開發了拆除框架的途徑，也醒悟了那深深埋藏已久的固有堡壘、位置。開始欣然自得的去探索生命歷程，享受箇中過程的演譯及其新意義和影響。會尋找其中還有什麼可能認知的其他可能性、層面和隱喻，開拓新的對人、處事的方法，都帶著平和。

訪問員二：那麼，可不可以談一談接觸敘事治療的過程？

筆者：多年以來，家庭問題是和我極有關聯和涵蓋濃厚興趣的範疇。在家庭治療的學習過程中，明白有許多理念、知識、分析方法、圖像、技巧和實踐模式。我不斷嘗試找尋可供套取的框框，和印證真相的途徑。在見證活生生的個案現場示範的例子中，常常驚嘆於奇特的大師級處理個案能力，我經常嘗試去意會不同系統產生的互動和深層的問題來源；更讚嘆獨特的分析及介入方案和方法，但也懼怕自己在遠離成功、到達掌握有效的「能力」階層，竟然可能要很漫長道路，才能逐步取得認同，或者符合資格。另一個明顯架構霍然誕生，臨場的失敗感、挫敗感油然而生。

與此同時，也開始接觸「敘事治療」，陌生感和親切感竟然同時存在，究竟是怎樣呢？

訪問員二：那與你剛才想像的有什麼不同，跟大師級有什麼不同呢？

筆者：在傳統的「治療」會面，我們必定經歷其中一個程序，就是選取一個或多個治療模式，然後運用箇中的技巧。留心有許多「位置」選取及期望「改變」，而且是「既定」的改變，自己能否達到「大師」級的功力，是有一定的評估、壓力、鬥爭、挫敗、懷疑、失卻或者容易動搖信心。

敘事治療在傳統「治療」模式中，有許多談話方法、心法是找不著的，所以在應用上是陌生的。但是，在它展現的「談話」模式中，看到深入而簡約平和舒暢的心靈交往模式，在不知不覺間，分享兩者的生活體驗，帶著濃厚的感性。不見有專注分析「非理性思想」，❷不見有工作員確定案主要求的某程度「改變」，❸不見有「專家」、「大師」的概念，只見有和案主共行一條路，❹一同談話，一同找答案，但那答案又似有似無的，究竟是什麼呢？（但也有留心不倚重，偏重甚或主導方向卻具影響的發問技巧）（White, 2002）其實我在說什麼呢？

在願意和談話者於生命的歷程尋找熟悉和認知的事物、景況中，探討如何踏上可能覓知另外一種方向、脈胳以及本來是真誠的一面（如今竟然在社會建構入文化、語言的掩映下改變了面貌），發現竟然可以選取自己喜愛的意念。情況就像經常閱覽影印本的時候，突然看見了一份正本，在正本上看到許多本來在影印本顯現不了的部分，驚覺可以抽取另外一些不同的取向，演譯了自己真正的意願。那種喜悅，不用別人贊同、認同和給予意見，也平和舒暢地歡欣。內心帶著盼望、夢想和摯愛的人分享、懷念，並重整他們在心中的位置。至於和談話者的位置、是感性的、是感激的、是迴盪的，也是共行的。他並

❷ 艾里斯（Albert Ellis）（1913b）所說的非理性思想。

❸ 敘事實踐案主自己可以選取不同處理事件和情緒關係的方向，不是工作員的界定。

❹ 共行的比喻：我們期望記載經恆久關係形成的新的身分，詳見 Michael White (2002). Journey Metaphor. *The International Journal of Narrative Therapy and community Work. No.4*, 15。

不主導、但具影響力，也深覺箇中驅使他的生命產生著不同的過渡經歷〔筆者按：是非建構思維（Thomas, 2002）的一類演繹〕。

在傳統輔導中，在努力追尋適當的模式、❺技巧時，常常給案主一些提議、指示、忠告，自己卻不一定舒服。除了有模仿專家，卻不肯定所提出的方案一定有效外，也時常感到案主的能力有限，又常常懷疑，甚至否定自己解決方案的能力。

訪問員一：剛才你提及在敘事實踐的經歷中，會有一些旅程與大家分享，是怎麼樣的呢？

筆者：在輔導的過程中，我們經常提及尊重案主，取得信任，而「敘事治療」在與案主的「談話」過程中，濃厚的感受案主付出的信任，❻像朋友的友情，和你分享他的人生經歷，去豐盛自己的生命。自己珍貴地面對這個難得的機緣，開拓無窮無盡的不同方案，不同領域，不同人生的真誠。一個安穩、珍惜的感覺靜悄悄出現。以往的輔導，可能是評估，界定成功層面；如今，我們深深被過程中所經歷的，片段中所引伸出的非結構思維（在上一段中曾提及的）而感動、吸引著。

---

❺ 行為治療模式可以作為此處的例子，筆者希望在此表達敘事治療並未有表示任何批評其他治療模式之嫌疑，在此只是作剖白解釋現象之意願。

❻ 卡爾羅傑氏（Carl Rogers）：人本治療法（Client Centre Therapy）在這方面最為吸引筆者的注意。

其中，我們就像普通談話過程中，和案主一同經歷生命中的故事片段；不但豐厚了故事本身，也蒙恩豐厚了自己的生命經歷。我們尊重此一並非偶然的機會，和案主一同演譯故事中深層意義，其實它們是代表著什麼，又會有什麼另類選擇。❼

我們更能體現珍惜這些機會、過程，而不只是又做完另一個個案，等待評估成功。我會體會到這個過程很有涵意、目標、意義。敘事治療實踐領域中，彰顯謙遜、感性、尊重分享、珍惜每一個細小的生命片段，欣賞每一節細緻的信念。留心與權力、欺壓、枷鎖及架構引伸出來的傳統打壓、霸權而給予解說。所以，在談話實體中，我留意很多時候，我們共行的步伐都急促，好奇心不足，又或急於找到可行的解決辦法。這樣，很容易不留心到一些用字、片段，也給談話者不能共行（不尊重）的感覺，所以，漫步太空、游走四方、好奇和專注、珍重而並行的對話，讓人們選取適意而發揚信守的理念。共行的過程，牽涉留心和探索滿載隙縫及淺薄的描述、社會架構認同的觀念……

再簡單一點，你會感受到是日常生活的寫照，和案主共行，一共感受生活片段。不一定要是大師，但是追尋負責任，留心概念，熟悉運用技巧，堅持找到細微而重顯架構霸道之處。過程是困難的，像最初學「外化對話」時，像霧又像花。但是，突然間你感受到有一個位置❽是很貼切的、受用的、適

❼ 其中一例是重寫故事對話的思維，見網頁 www.dulwichcentre.com.au 。

❽ 同一網頁中外化對話所達致的和問題產生的一種空間，在能感受這種空間而能夠意會人可以重新運用本身能力去處理問題，就是找到這種位置。

合的；不用大師指導你是已經找到了，你是知道的。當然，裡面也有一定的概念，每天在實踐當下，也明白是要專注、謙虛學習——正是有專心操守[9]的工作員的課題。

訪問員一：你剛才的形容，我不知道是否算一個迴響。剛才你說在工作上不欣賞一些現象，會令你不開心，更會帶返生活上。不過，你對「敘事治療」好欣賞，譬如謙卑、感性及經驗、尊重；和案主談話之後，可以分享案主的生命經歷，可得安穩、舒服。你可否不介意我問你可不可以在日常生活或者工作講一些價值觀去介紹感性、共行？有沒有一些故事或片段可以告訴我們呢？

筆者：工作上，高層所期願的平靜，是建築於存有動蕩、紛爭的監獄環境中。在我們的工作對象中，爭權、利益衝突，是正常的情形（其實也存在於同事，甚至我們所有人的生活中）。於是，職員所面對的困境，有感上級未能明白、諒解、支持；會以敵對上級，或者漠視情況、隱瞞，甚而不去處理。以前，我曾和同事用極度理性的態度去反駁上級，為求有效率地運作。結果，經常處於兩難局面中，連自己亦經常迷失，既否定上級，不喜歡人不去處理，亦慨歎制度失敗。

謙遜、感性，提醒我們每一個人的重要性，每人有自己的

[9] 專心操守的概念可留待日後，或者在其他實踐工作員的文章中探討、追尋。

選擇、堅持的各種細緻理念和生命歷程。否定和容忍都吸引反抗的元素；能細味和欣賞各階段，人物的美妙思維，益顯過程中的珍貴尊重，開拓相互明瞭，解決問題空間；能和下屬共行，也能和上級共行、融會基本人性並無階級之分；有者，是自己先入為主，過於著眼利益效率而已。

例如，在工作上出現較嚴重的事件，工作守則中附有的法律上概括的指引，但也存在些演譯上的灰色地帶。在報告上級的程序中，難免有維護下屬、蒙蔽上司之嫌。於是就在不信任中，產生誤解、磨擦，牽連深遠。要明白施法是政制建構下的產物，每人心中也存在不同的思想鬥爭，不同理念（而不一定是非理性思想），能夠和別人共行去看事物，找出可行的另類方向，首先必須互相尊重、欣賞，共同尊重法紀（其實是會尊重的，但卻互相指責，錯誤演譯法紀）。

訪問員二：你可以多談一點那時可以做些什麼能和上司共同進退呢？

筆者：在工作方面，譬如為下屬爭取設施，保障他們的工作環境；有時會導引較自己表現激烈行為（和）說法，被誤認為是對抗權力行為，不單錯誤演譯事情，亦忽略上級考慮的角度、擔憂；更未能欣賞每人對工作的投入與熱誠。每人死守城池，誤認為權力、效率、人性之爭，箇中過程，失卻可珍惜的元素。

深入一點去看這件事，上級、下層、自己（其實有高低之分已經是明顯的建構基礎，大可以後談及）都有不同生活故事，片段去建構對爭取設施的信念，也埋藏許多（不存在，卻隱含）的原因，產生不同的問題、壓力。不同的行為最容易產生曲解，誤解和惡化境況，最終達致各方面原本都不想達到的局面。本來，每人都希望能執行法紀，善導在囚者。如今都把精力放在爭持的局面上，忘卻本身的工作意義、價值觀，也忽略了每人對生活上所信守的珍貴理念、夢想。

訪問員一：我認為這次談話好有趣，也令我有不同的體會。我可否問在工作外有沒有另外一些故事去演譯這個心服口服。我的印象就像是你像正在行鋼線，有不同先後次序，視乎自己如何融入這個里程，令大家都尊重這個共行旅程？

筆者：在學校進修時候，和同學討論專題，感覺到若不是每人都固執地不開放自己去探討課題，或者有些人只為完成課程，而不大熱心去分享概念，不珍惜其他人的努力，只顧自己完成功課的目的。很多時候，欲言又止，甚或行為表現上，並沒有「社工」的概念。有一段時間覺得非常低沉，不能接受在教育方向中領略的社會工作的理念，竟然容忍和造就這種情況、氣氛。後來，我聽到一種說法，不是社會工作的理念，是個別進修社工人士的問題。當時我恍然大悟，但是，今天頓然開朗。

這不一定是人的性格問題，是我們都忽略了生活體驗，經驗中所面對境況的誠意、尊重和感性。[10]大家堅守既定崗位，去評估別人，有特定理論、真理；而未有放開自己，謙遜的、安心的信任別人，欣賞別人對社會建構的頑抗、與自己能夠感受別人感受的珍貴得著，享受於其中，拓展遼闊的生命里程邊際。

筆者：我有個朋友說我的生命都好有豐富歷程。我突然醒覺，雖然有點「八卦」的意味，這個形容竟然甚為貼切。我想表達什麼呢？其實我有許多不同的體驗，但有些我想暫時不能在此詳細談及。（筆者想在此處重點題示敘事治療可能引伸的範圍，不一定是訪問者的提及，可能是筆者思維領受到的，就是在敘事和故事片段描述之中，漫步生命的經歷，經驗之中，不管是豐富或者是艱辛、混亂、多變、挫敗、失落、失望，又或者歡欣、喜悅，豐功偉蹟都有時空、次序，連貫性而一主線及多支線下帶動被訪者的思維。沒有了與訪者共行之誠意、信任、尊重及一同經歷而不帶價值觀，是見證不了此種選取片段的可能性和意願。在選取的時空和片段，是難作取捨又珍貴，很想包容和兼取而又有希望引出珍惜的一個片段，代表和印證生命的歷程和個人的小敘事，確立新意義、新身分，而給予本身生命一個延續而舒暢的信念、

[10] 麥克懷特提及敘事理念其中一種技巧是在運用的時候，我最能感受到箇中要發揮這裡所提及的意念。

理念、懷念適當的人，適當的事，適當的片段和時空。）

訪問員一：你是否會想多談「敘事治療」對你的影響？

筆者：敘事概念感覺上好像很主動去影響生命，不過，箇中理念不是劃一的、特定的、獨一無二的。外化問題，把人和問題分開，發現自己應對問題的驚人動力；亦能延伸欣賞別人，認真看到別人每一個面孔都舒服、可愛、親切……有多個不同的層面，坦誠去感受生命；容許自己有無限動力、希望、目標去履行生活的夢想、理念。可以完全接受自己，和自己共行、喜悅、愛；能輕鬆、開心去體會、融會，享受生命。

這是一個美妙的過程，欣賞每人都有優美的一面，確立他們對於自己的特定身分的一些認同、信念或者紀念。珍惜的工作的一面，有誠懇一面，有真實經歷，有誠懇、信念、希冀和融和的層面。

訪問員一：我在回想你提及的「謙卑」、「尊重」去嘗試理解。我們從別人的經驗，以故事去看，走過的過程是多面性的，感性而輕鬆自如，從架構中解脫，其實你自己有什麼夢想呢？

筆者：我珍重這個會面、談話的機緣。我知道誠懇的信任、尊重、談話說故事給予我們空間，讓我們有地域、連貫性、次序、時序和構思的心靈認知，反思經驗、經歷，

> 認知（知識的演譯），領悟我的希望和夢想，它們並不能否定我在工作、學習方面的挫敗、失望，反而給予此等信息的影響一個值得的位置，確立他們對於我自己的特定身分的一些認同、信念或者紀念。正如我們欣賞和珍重我們認同的、不認同的身邊的人，他們的努力、信念、認知，都帶著摒棄建構的枷鎖的信念，讓我感激我曾經珍惜的工作、珍惜的人；更加感激我曾經厭惡的工作、厭惡的人。但仍然可以保持謙遜和尊重地重回生命的歷程，欣然期待、迎接和消化滿是建構的工作里程。

結語

猶記得訪問員在訪問的開始，簡單的說我只要放鬆，不用準備；只要做回自己，經歷這次訪問。 但是在說明之後，也不可能一下子就做到。

然而，生活就是這麼簡單的節奏，我們確定了下一刻做什麼，結果還是不能確定下一刻必會產生的事情，卻要欣然面對、接受。

在訪問的開端，卻自然的放開，把心裡的感覺、思想、探求都一下子順遂地翻倒出來；和訪問員的說話、聲調、語句、態度一同開闊一段旅程。

從訪問旅途中回顧起點，是嶄新的景物、人和事情，特別的次序、時空、景況的體驗。相同的故事情節，在與案主共行的意義，誠懇而不帶自我價值評審的參與，被信任和恩惠獲邀請在故事發展中分享的心情，加強自我形象；能不帶有批評、建議地和案主找尋各種可行性，不存在卻隱喻，既定卻存不穩定的各種可行性，在滿是隙縫中窺見林林種種在權力建構下，借文化、語言、歷史而施虐的枷鎖。霸權中遊走，找尋自我。

不斷的好奇，誠懇而尊重案主，留心事件脈絡的態度，給予問題和人分隔的空間。在定位地圖的帶領下，給經驗、經歷另類的、案主重寫故事脈絡的新意義。在各種技巧的搭棚架（搭棚架的技巧）中，在行動景況和身分景況的相互交錯中找尋獨特的事件和景況，藉以和案主一同重新建構屬於他／她自己的一些新意義、小敘事。由這些小敘事領域中引證新的定位，去觀看各種不同的本身經驗、經歷；在社會建構中去領會到一種被扭曲的版本，從而追尋一種原本的經歷，純真的自我感受，輕鬆的發揮。誠懇地，非建構性角度的珍惜各種信念、守則、價值和信守自我形象的處事態度；懷著盼望，渴望去彰顯心中對人性的一點點真，感激和恩惠於人和人的相處經歷。尊業操守的意念，不在遵守規條上的檢討，不在符合標準中確定尊家地位、身分；卻在坦率、恩賜感恩地見證人與人交往故事中，各人都能舒展並愉快地在生活中解脫和歡欣。

參考書目

Thomas, L. (2002). Poststrucuralism and therapy. *The International Journal of Narrative Therapy and Community Work, No. 2.*

White, M. (2000) . *Re-engaging with history: The Absent but Implicit in Reflections on Narrative Practice*. South Australia: Dulwich Centre Publications.

White, M. (2002). Journey metaphor. *The International Journal of Narrative Therapy and Community Work, No. 4*, 12-18.

White, M. De-centered and Influential Practice 詳見 Dulwich Webpage

第五章

踏上敘事治療的路

列小慧

訪問者：梁瑞敬、秦安琪

前言

在一個偶然的機會下認識敘事治療法，因而開展一個踏上敘事治療的人生旅程，這個旅程不單單讓我回顧過去的掙扎及生活點滴，更重要的是，使我對兒子、對人的豐富有深刻的體會，致使我願意繼續在這旅程上前行，並盼望與其他人一起分享生命的豐富。

我必須在這裡一提，這不是一篇學術的文章，乃是一個生命的分享：從與敘事治療的相遇、到自我的探索及反思，都蘊含著一種對當時生命現況的不滿及理想的追尋，這過程不止對我個人的生活有影響，對我的實務工作和教學都產生重大的變化，但因為篇幅的關係，就讓我先與你們分享敘事治療在我個人生命歷程的體會。本文分成以下幾部分：第一部分是旅程的起點，敘述如何由一個父子的面談引發我對專業社會工作介入的思考；第二部分交待了我如何在面對自己心底的不滿及渴望時遇上敘事治療；第三及第四部分則探索我過去的生命故事如何建構今天對敘事治療的尋索及認同；最後是一個對敘事治療如何影響我繼續前行這旅程的小小總結。

旅程的起點：上教授的課

對於我來講，踏上敘事治療的路始於九八、九九年，至今大概四、五年左右，我相信這是一個生命的旅程（life journey），因為我的生命開展了不同的故事及可能性，而這個旅程至今仍繼續，就如 Lisa 和 Chris 所講：「旅程正表達出一種前行的動態及可能性——即使旅程中會遇到困難的時候。」（McPhie. & Chaffey, 1998）

訪問員一：「妳在何時開始接觸敘事治療？是如何開始的？」我就想起應該是我正在修讀碩士課程的時候。

當時我盼望透過課程深化自己在家庭治療方面的技巧，以致更有效地處理香港日趨複雜的家庭問題，因為過去的工作經驗使我深信，家庭對人的成長及性格的塑造有著重大的影響（Goldenber & Goldenberg, 1996）；同時，亦希望課程對於自己的家庭如何塑造子女的性格及成長上有所啟迪，因為我亦面對教導兒子的無助，所以我帶著期盼而興奮的心情上教授的課，對於他那純熟的技巧、專業而深入的分析，我深感佩服，亦同時被深深吸引。直至有一次，一位同學請來一對父子臨場進行面談，而教授和我們一班同學則在另一房間，透過單面反光鏡觀察整個過程，這就是家庭治療常用的迴響團隊。❶整個面談完結後，教授帶領我們分析及討論父子間的關係、工作員的面談技巧及介入策略等等，只是當時我整個人都被那位勞動階層的父親，對兒子所表達的理解、明白、體諒及無限支持所深深打動；同時，我亦被那標籤為反叛及有問題的兒子，他對自身處境的深入剖析所吸引，因為我的兒子雖然年紀還小（當時只有大概六、七歲），卻有著這個年輕人的反叛，甚至被認為是有「問題」的一個，而作為一個社工專業母親的我，面對眼前的父親，我羞愧自己對兒子沒有足夠的理解、明白及支持！

訪問員二：「小慧，妳可否多講一點是什麼令妳對這對父子的對談有如此大的震撼？背後反映妳的一些價值嗎？」

對於我，答案其實很簡單，因為這對父子的對話中所流露的父子情，觸動了我心靈深處與兒子建立親密關係的渴望，只是當我在小組專業討論中提出時，卻被認為這些「個人的事」並不是討論的範圍，❷亦對於檢討剛才的面談沒有什麼專業啟迪（professional implication）！我開始思考究竟專業是什麼意思，何以當我的心靈被觸動後，卻不能讓對方知道，甚至不可提出？何以「專業」只可以著眼對方的問題，並需加以客觀的評估、分析，並提出很有「洞見」的解決方案，彷彿個人並不

❶ 在傳統的家庭治療，迴響團隊由一隊（三至四人）專業家庭治療師擔任，透過單面反光鏡安靜地觀察整個面談過程的進行，面談完結後，迴響團隊會在服務使用者面前，透過互相提問討論他們對問題的理解，讓服務使用者有更多角度去理解自己的問題。而其中一個迴響團隊必須遵守的守則，就是只可反映當時對話的處境。

❷ 原來，在安靜地觀察整個對談過程進行後，提出個人被面談所觸動的地方，就是敘事療法所指的「社員見證會」。「社員見證會」與家庭治療的迴響團隊相似，但成員不一定是專業人員，他們成為對談的聽眾，在聽過整個對談後，分

存在於對談的過程中？究竟以一個專家的姿態去面對別人的困境，是對方的幫助，還是強化服務使用者的無助、被動及倚賴？我在想，如果剛才的父子知道他們的故事對我所產生的反思及影響，又是否會對他們的生命帶來不同？何以只有治療員介入對方的生命，卻不容許一個雙向的對話？就是帶著這些問題，我開始踏上敘事治療的旅程。

偶然的機會

有說「社會工作發展至二十一世紀初的今天，似乎已經到了存廢的關鍵時刻。但這並非是說，社會工作在短期內會在學院和社會裡給人廢除掉，而主要是指社會工作的研究者和社會工作從業員，特別是後者，愈來愈對社會工作理論和介入模式的實際應用效能失去了信心。」（賀王英及阮新邦，2004）這確實是我多年從事社會工作的體會，回想最初選擇社會工作，就是希望在別人面對困難及有需要的時候幫上一把，雖不至於要成為「救世主」，卻總希望透過專業知識的掌握及技巧的運用，協助解決服務使用者的問題。於是對於專業的知識及理論（theory）有所追求，因為所謂專業的知識及理論，是經過科

享個人被對談內容所觸動的地方及對自己的影響。這不單將生命連結起來（connecting lives），更將所講述的故事豐富起來，把已遺忘的故事情節再一次呈現，這對整個治療性的對談（therapeutic conversation）有很大的幫助，當事人可重新建立新的身分結論，並使之變得更豐富紮實〔White, M. (1997). 'Definitional Ceremony'. *Narratives of Therapists' Lives*. Adelaide: Dulwich Centre Publications〕。

學而客觀的驗證，能協助我們正確地解釋社會現象，而所謂「正確地解釋」，主要是決定於該理論對相關的現象是否具有準確的預測能力（賀王英及阮新邦，2004）。那麼，當我掌握了客觀而專業的理論，就可在處理服務使用者的問題時得出預期的效果，而我亦儼如一個專家般去理解並處理其問題。

多年的工作讓我有機會接觸不同的生命，聽到（看到）他們的生命故事，只是大多數的故事內容都是悲傷無奈的，愈接觸人世間的困難，愈發覺專業理論的應用，並不如想像般奏效，面對這份無助，我會推說是因為服務對象「缺乏改變的動機」（unmotivated），又或是他們過分執著，然後安慰自己，我已經盡力做了可以做的！

可是，藏在心底的不安（尤其當我見到服務使用者面對困難的堅毅）驅使我進一步反思專業理論和實踐的關係，我不能安於將責任推到服務對象的頭上（不論是因他們缺乏改變的動機，還是過分執著，甚或上天的不公平），我開始探索社會工作的本質，我不明白何以角色身分將社工與服務對象的距離愈拉愈遠，我們不都是人嗎？我深信服務對象亦有其面對生命的智慧、解決問題的能力；同時社工亦會遇到生命的低潮，惘然不知所以的時候，兩者的分別真的這麼大嗎？

就在這樣的尋索中打開德威曲中心的網頁，進一步接觸敘事療法，我深深被它那充分相信人的豐富，及人本身擁有面對問題的能力所吸引；而它深入剖析當代權力（modern power）如何透過規範化的判斷去轄制人的生活，亦讓我對服務使用者及自身的處境有更多反思，亦因著這份對「人的豐富」的信念，開展了這個敘事療法深造文憑課程的學習，多次飛到美國、英國及澳洲等地，跟隨敘事療法的創始人麥克懷特學習敘事療法；更重要的是，透過與他親身接觸，體會敘事療法對他本人的影響及意義。

兒時的素質

敘事療法強調「故事」，這「故事」並不是指透過虛構的情節及內容，引發出發人深省的喻意。敘事療法所強調的是人生活中所經歷的故事，故事就是生活，由於每件事的發生都包括事件的內容、次序及時間，我們對事情的理解及整理，就如用針線將所發生過的事件，按著時間、次序及內容編織成一個有主題的生命故事，從而建構出對自我（包括自我概念、對自我的能力、人際關係等）的理解及詮釋，而這個理解及詮釋，將重要地影響故事的未來發展（即我們的將來）（Morgan, 2000）。

當一個人的生命故事主題充斥著問題，並具影響力地決定人如何面對將來，那麼這個故事就變成了一個徒然的故事（dominant story），[3]形成對自我的壓制（self-subjugation），並將問題全人化（totalizing the person），因而忽略了其生命故事主題以外所出現過的豐富及多變！正因為敘事療法相信人的

---

[3] 徒然故事乃香港浸會大學社會工作系秦安琪副教授的翻譯，在此借用她的翻譯，因為它能清楚地指出被問題充斥的故事主題如何負面地影響人對未來的建構及理解。

豐富，輔導的重點就是與當事人一起重新編寫（re-authoring）其生命故事，從而發掘生命的豐富，及其面對問題的能力及對生活的執著及堅守。❹

傳統輔導將焦點放在發掘及解決問題，敘事療法卻將注意力集中在發掘並重寫生命的多元及豐富，就好像一個發掘生命寶藏的過程，將當事人對於生活的執著及堅守具體地呈現在眼前，這不是一個讓人興奮的發現嗎？所以，當梁、秦問：「小慧，妳可有想起一些過去的經驗能反映出妳對人的尊重及體諒的重視？」時，我立刻想起兩個兒時的故事，我發現原來這個素質在我兒時已經出現了（這不單是因為自己從事社會工作的緣故）。

大概是小學二年級的時候，我參加了學校的合唱團，與不同年級的同學混成一片，好不開心！一天，在練歌的時候，站在我身邊的女同學哭了，這是因為她父親在前一天去世了，知道這個消息後，我再也無法唱下去，只默默地站在她身邊支持著她。幾年後大家各散東西，再沒有聯絡。大概是中二的時候偶然在街上擦身而過，她回頭高興地叫我的名字，然後很快又消失了。從她的外型，我知道她變成了當時典型的「飛女」模樣，我心裡一陣難過，不知她這幾年是怎樣熬過的（因為我知道她父親去世後，她家一直過著艱苦的日子），如果我只定睛她的「飛女」模樣，無視她對生活所做過的努力，對她又有什

❹ 敘事療法相信人有面對問題的能力，並透過發掘當事人在獨特結果（unique outcome）中所曾運用的方法及技巧去加以鞏固；而獨特結果的出現正好反映出當事人對生活的執著及堅守，這方面會透過「支搭棚架」技巧去體現。

麼益處呢？想到這裡，有一份擁抱她的衝動！

我是在徙置區唸小學的，那時候的小學沒有現在的「守衛深嚴」，記得六年級的時候，大家都埋頭努力應付學能測驗，就在我們疲倦於這種操練時，一位男同學的母親帶著一籃子糖果跑到課室，分給各人一小份，我們都興奮極了，只是班主任有點懊惱。但正當我們都為糖果而高興時，我留意到那個男同學的反應，他一點也不興奮，相反，他只憤怒地坐著一言不發。當這樣的情況連續發生，這個男同學的反應改變了——他猛力地拉開他的母親並喝罵她離去，後來，我們都知道他母親是個精神病患者，這亦是我生平第一次接觸精神病患者。很多同學都取笑他有個「神經失常」的媽媽，還揶揄她何時再送上食物。面對這樣的情況，雖然我沒有阻止，但我卻不能認同他們的做法，我反問自己：如果我是他，我有他的勇氣去面對同學的嘲笑嗎？況且，我們都是受益（起碼有糖果吃）的一群，我們有權去取笑他嗎？

其實我還想起很多不同的故事，見證自己這份對人的尊重及體諒，早在兒時已經開始形成了。同樣地，如果我們都能把對人的視線，由只有問題、難處轉到其所有的豐富、能力，及那些早已經在生命中出現的素質，不就是將其生命的寶藏發掘出來嗎？啊！這是一個何等豐富的發現！

失敗的母親

在兩個兒子相繼出世後，我經歷了人生最大的失落，因為我認定自己是一個失敗的母親，我的失敗在於我無能力將自己撫育生命的三個信念（在我未為人母前，三個撫育生命的信念已清晰建立，我希望我的兒女能夠：⑴有個快樂的童年；⑵有強壯的生命力；及⑶認識創造生命的上帝）實踐出來；我的失敗亦在於我不能將社工的理論、知識及技巧運用在教導兒子之上。更糟的是，我經常犯下從前教導其他父母不應犯的錯誤，這個被問題充斥的生命主題──失敗的母親，深深地影響我對自己的理解之餘，更影響我的情緒、工作及人際關係，我怕讓人知道我是一位有經驗的社工，我更怕讓人知道我是一位在大學教社工學生的導師，我感到無地自容！

最令我感到失落及無助的，就是我那個「很有性格」的大兒子。「很有性格」是朋友對兒子的形容，我相信這是一個相當「尊重」的講法。他的「有性格」在不同的事情上表達得淋漓盡致，例如：他喜歡把所有玩具都拆掉，然後按自己的喜好重新建立，就如「玩具總動員」（港譯反斗奇兵）裡面那個可惡的小男孩一樣；還有就是他「有性格」地面對考試，他認為所有題目都難不倒他，所以索性把考試卷放在那裡不做也罷！按他的講法，他知道自己是懂得做的，又何需填滿試卷向老師交待？就是他是一個六歲的小男孩，已「挑戰權威」，他經常問我為什麼要聽我的話，我的回應是：只因我是你媽媽，這個答案顯然不能讓他順服。他再問：何以妳是我媽媽，我就要聽妳的話？作母親的，相信也會像我這樣回答：因為你是我兒子，我要求你做的，都是為你的好處的。想不到六歲的小孩會這樣回應：妳肯定妳認為好的，都真的對我是好的嗎？

訪問員一問道：「敘事治療法如何使妳對兒子有一個不同的體會？」

確實，敘事治療法幫助我開展一個新的角度去明白這個「很有性格」的大兒子，我體會原來自己被很多主流社會的意識形態所影響，所以當發現兒子原來很聰明，卻不願做功課及考試，我會歸咎是他的懶惰，因為心裡我仍然渴望兒子能在成績上出類拔萃，證明他是個了得的小朋友；同樣對兒子的責難，是反映我對自己未能將專業知識運用在兒子身上的不滿，因為我仍然以為只要掌握一套所謂知識理論就可駕御生命。所以，當敘事治療提到我們如何被當代權力轄制得動彈不得時，我猛然發現兒子的拒絕做考試卷，不就是一個徹徹底底對考試制度的控訴嗎？他挑戰何以必須要聽從我的話，不就是一個對文化傳統的挑戰嗎？對於一個六歲的小孩子，能夠抗拒考試制度對人作出一個全人化的評定、能夠對傳統文化加以批判，我開始對他——我「很有性格」的大兒子產生一點敬意。

總結

接觸敘事療法，讓我對自己的處境開出一條出路，它讓我知道「我不是問題，問題本身才是問題」，[5]我所遇見的問題正好反映出主流論述（dominant discourse）❻所衍生出對事情的理解及所帶來的問題（Medigan & Law, 1998）。就如前文所述，這正反映我深信透過對社會工作理論的掌握，並運用在實踐當中，同時配合價值中立的態度，不把自己的價值判斷加諸於事實的分析或案主的問題上，就可對事情作出客觀的了解（阮新邦，2004），並制定有效的介入策略，以達致理想的效果。這不就是社會工作主流論述中的實證論嗎？所以，當我未能將所有的理論運用在教導兒子上，當我的情緒被牽動及加入強烈的價值介入、當結果未如我希望的出現時，這種強烈的失敗感使我彷彿掉進深淵一樣，無法逃掉！以往，還可以將責任推到案主缺乏動機上，但這次，這個再不是藉口，因為我改變的動機相當大，不知不覺間，將這責任推到兒子身上——是他的懶惰，是他的情緒造成今天的局面！（他的情緒也很容易爆發，只因小小不合意，他都會大哭大鬧，直至倦透睡著了，事情才收拾過來，試過不知多少次因著他的情緒把全家也弄得疲倦極了）可是，六歲的他亦深深被無助所困擾：記得有一天，他無助地告訴我：媽咪，我不喜歡自己發脾氣，可是我控制不了，我不喜歡自己……聽著他的話，我不禁鼻子一酸，心痛兒子之餘，更惱自己不知不覺間把一切責任推到他身上！敘事療法幫助我見到這個理論及實踐之間的迷思及它對我的轄制！

❺ 這就是敘事療法的「外化」，敘事療法認為「人不是問題，問題本身才是問題」，外化概念在第四章詳加討論。

❻ 主流論述與個人身處的社會、政治、語言及文化背景有著緊密的關聯，故此當事人的問題乃反映出主流論述所衍生出對事情的理解及所帶來的問題。

敘事療法在剖析當代權力如何透過規範化判斷去轄制人的生活，亦為我與兒子的關係帶出另一點曙光。

所謂規範化判斷，是指人們將大多數人以為對、以為好的事情、行為或做法斷定為正常的表現，尤其當這些事情、行為或做法在某些具影響力的人（如政策制定者、電視／電影明星）的吹捧之下，漸漸成為唯一及最終的標準，其他人亦慢慢將這些標準內化成為其個人的價值取向，只可惜這些標準及價值卻未必經過批判及反思，因為當我們的行為與大多數人不同時，就被認定為不正常，甚至是異類。為了避免這種孤立不安的情況出現，即使沒有其他人強逼，自己都會跟著潮流去（Michael, 2003）！難怪在瘦身熱潮下，身型稍為肥胖的女士們都大多感到自卑，亦不惜用大量的金錢，嘗試各式各樣的減肥產品！

其實，我亦深深受著「規範化判斷」的影響，兒子的「有性格」，說深一層其實是一個不正常的表現，因為努力讀書，爭取好的成績，是每一個學生應盡的本分，這是不容置疑的！雖然作為社工的我亦深知現今教育制度的弊端，但心裡仍希望自己的兒子是一個品學兼優、動靜皆能的傑出學生，所以他的「有性格」其實就是「不正常」，加上他天生聰明，所以問題只是他不努力、懶散，否則這些異常是不會存在的！但原來兒子的表現，是對當代權力的一種挑戰及反抗，因為他不肯被眾人以為對的標準成為他衡量他的唯一標準。我羞愧自己有大學的訓練，卻也未能超越社會的框框，有這樣的發現，我開始以兒子為榮，這並不表示我縱容他隨便挑戰老師或學校權威，卻叫我用另一角度去理解，明白並欣賞他的行為、表達，我還能責備他「離經叛道」嗎？

在欣賞兒子的超越的同時，敘事治療法亦讓我見到人的豐富，其實每個人就彷彿是一個金礦，當中的寶藏仍有待發掘，我又怎能相信掌握所謂專業的知識及技巧，就要求對方跟從自己的建議呢？相反，我豈不應該與他一起發掘他的寶藏嗎？

敘事治療法相信人的豐富，它對當代權力並規範化判斷的深入剖析，開闊了我的眼界，讓我從一個新的角度理解兒子，亦成為我與兒子緊張關係及個人深層挫敗的一個重要釋放。在我經歷了敘事治療法的幫助之後，亦推動我進一步運用敘事治療於不同的範疇之上！

參考書目

賀王英、阮新邦主編（2000）。詮釋取向的社會工作實踐。香港：八方文化創作室。

Goldenberg, I. & Goldenberg, H. (1996). *Family Therapy: An Overview* (4th Ed.) Pacific Grove: Brooks / Cole Publications.

Madigan, S. & Law, I. (Eds.) (1998). *Praxis, Situating Discourse, Feminism and Politics in Narrative Therapies*. Vancouver: Yaletown Family Therapy.

McPhie, L. & Chaffey, C. (1998). 'The Journey of a Lifetime: Group work with young women who have experienced sexual assault.' *Gecko: A journal of deconstruction and narrative ideas in therapeutic practice. No.1*. Reprinted in: Extending Narrative Therapy: A collection of practice-based papers. Adelaide: Dulwich Centre Publications.

Morgan, A. (2000). *What is Narrative Therapy? An easy-to-read introduction*. Adelaide: Dulwich Centre Publications.

White, M. (1997). *'Definitional Ceremony'. Narratives of Therapists Lives*. Adelaide: Dulwich Centre Publications.

White, M. (2003). *'Addressing Personal Failure'. The International Journal of Narrative Therapy and Community Work. No.3*. Adelaide: Dulwich Centre Publications.

第三部分

實踐反思篇

第六章

我看見敘事治療看見我

夏民光

訪問者：尤卓慧、葉劍青

前 言

「我看見敘事治療看見我」[1]對我而言，最少包含了三重意義：

1. 我看見敘事治療——這是我對敘事治療的一種發現，像是我在街上看到某人一樣。我嘗試觀察它、理解它以及應用它在我的治療工作上。
2. 敘事治療看見我——敘事治療不只是我工作上的一套工具，它亦同一時間「發現」（確切地說，是建構）了我的存在。它影響著我的個人哲學及日常生活的態度。它把「敘事」這個概念放進我的話語裡，我開始以「敘事」去理解自己，我開始思考自己的故事；更重要的，是我開始關注我及別人究竟怎樣說我自己的故事，以及重新編寫自己的故事的可能性。

[1] 這題目啟發自：周華山及趙文宗（1994）。色情現象：我看見色情看見我。香港：次文化有限公司。

3. 敘事治療看見我，我亦同一時間看見敘事治療——這是一種有眼神接觸的對望，甚至是交流。我想強調的是，我和敘事治療的互動關係。我並不追求一種永恆客觀的「敘事治療真理版本」，而是追求一種適合自己處境及胃口的「敘事治療處境版本」。它在影響著我、建構著我之時，我亦無可避免地建構著它，塑造我自己的「敘事治療特別版」。這種觀點帶出兩重意義：⑴雖然敘事治療有其特性，但它們並非鐵板一般梗硬，而是有很大的展延性（malleability）的，容許多個版本的出現。⑵因此，我們要了解我們的版本並非終極真理版本。我們既不認為只有一個版本，亦不輕易接受一切版本，而是要不斷地質疑與重寫各種版本，形成「永恆的對望」。

這篇經整理的訪談，也包含了以上的三重意義：我對敘事治療的理解、它對我工作及生活的影響，以及我對它的建構。為了令它更易於理解，我把它分為五個部分。第一節，我們討論了敘事治療其中的一種重點精神——對主流文化的懷疑；第二節，我們則討論了敘事治療對我在思想上及輔導工作上的影響；第三節，則探討敘事治療對我個人生活的影響；第四節，我們探討了我將來在敘事治療上的可能發展方向；最後一節，我分享（或是重構）了我與敘事治療相遇的歷史，以及學習上的掙扎。這基本上是一種直線發展的敘事結構：哲學及理論（第一節）→理論應用（第二、三節）→未來發展（第四節）。第五節則可當為歷史背景的補充。

1　敘事治療的懷疑精神

1.1　這刻感覺

筆者：我不知道應由哪裡講起，就講我此刻的心態吧：我覺得這種脈絡十分特別。我認識你們兩位，亦與你們於不同的場合下說話，但今天對我而言，感覺卻十分不同，令我想起麥克懷特提及的 'Receiving Contexts'（White & Epston, 1990）。雖然這裡沒有一些十分顯明的規則，指導或限制我應該怎樣講話，但卻有很多東西是不存在，但卻隱含的（White & Epston, 1990），我會考慮在這裡可以去到多遠——可否在這裡講粗話，可否講俗語，可否開玩笑，我應該怎樣去表達我自己？另外，因為有好多個「我」的可能（Ewing, 1990），我又應該抽取哪些有關自己的元素，表達哪一個「我」呢？整個過程都頗沉重。

訪問員二：Harris，不如我們就談談你向我們分享的感覺吧！你覺得剛才那一刻的「你」正在做什麼？

筆者：我想，我剛才那幾分鐘所講的東西，是一次反省（reflection）。我認為反省是一種自己與自己保持一段距離的動作。當你進入了一個脈絡，而你又可以跳出去某個位置來檢視自己，我相信我剛才正在進行這種活動

（Schon, 1983）。

訪問員一：我都想問你剛才所講的「反省」與成為一個敘事治療師（narrative therapist）有何關聯？你是否覺得「反省」扮演一個很重的部分？

1.2 反省與故事治療的關係

筆者：「反省」與成為一個故事治療師，令我想起許多東西……。

其實，我並不太在意自己是否是一位敘事治療師……。但有時我覺得這個名稱對我來說頗有好處，因為當我告訴別人，我是一位敘事治療師時，也算是有一個「牌子」名，大家也有個共同理解，就大概知道我的工作及哲學；但是，另一方面，這名稱亦對我有一些限制，其實有時我不太想稱自己為敘事治療師，因為我愈來愈感到，敘事的意義比「治療」（therapy）更為豐富，它對我的日常生活也有頗大的影響。其實，叫什麼名字，屬於哪一派，都不太重要，往後的日子，我甚至有可能不再熱中於自稱為敘事治療師，但我覺得，敘事治療裡面有一些東西是我永遠不會放棄的：就是我提及的「反省」。

我認為有兩句話，對「反省」而言，是十分重要的原則：第一句是傅柯所講的 'Everything Is Dangerous'（McHoul & Grace, 1993），第二句就是 'Nothing Goes Without Question'

（White, 2000），我覺得兩句有上下聯的關係。一直以來，我無論做人或者做治療師，都會感受到我們被一股支配（dominant culture）或主流（main stream）文化所包圍著。我認為，被脈絡影響的，不單單是案主，治療師也不能倖免。我不能只單單思考那些影響案主的脈絡，更要思考那些塑造我成為一位治療師的政治、經濟及文化因素及它們對我的影響，特別是影響我怎樣對待案主，我覺得「反省」就是開始於 'Everything Is Dangerous' 及 'Nothing Goes Without Question' 的態度上。

我可以講許多反欺壓（anti-oppression）、充權、處理弱勢群體的概念，我可以為自己塑造這方面的身分，但是其實這種身分很可能藏有巨大的自欺成分，有時說了出口就以為你（自己）是自己口中的那種人，但事實又未必如此，這就是危險所在。我常常會提醒自己這一種自欺的傾向，這就是一種「反省」，當我掛著故事治療這個「牌子名」時，我自稱是敘事治療師，但是不等於我實踐一些解放他人的事情。我認為這種反省非常緊要，特別是當我繼續走下去。

隨著時間增長，我會覺得自己愈來愈懂得（anti-oppression practice、充權、處理弱勢群體及敘事治療），但是當自己覺得愈懂得的時候，我就愈感到不安及危險。有一次，我同一班朋友聚餐，其中一位朋友向我問了許多（有關敘事治療的）問題，我十分感激他問了許多十分基本的問題，因為我那段日子就剛巧覺得我對敘事治療十分熟悉，令我有點憂慮，我那一位朋友所問的問題，令我舒服了許多，我認為他令我有反省。

1.3 質疑是反省的關鍵

訪問員二：你提及一個人所身處的脈絡，能影響人的行為；你又提到那對「上下聯」：'Everything Is Dangerous' 及 'Nothing Goes Without Question'， 我想再聽多一些你對反省的觀點。

筆者：我覺得「質疑」是一個關鍵字，我認為「反省」最核心的活動，就是質疑。我希望每日都做，我認為我在這一刻都在向自己發問。

我估計「反省」在我們的行業裡面不會令人感到陌生，但是我開始去質疑究竟「反省」是不是實踐的時候，內容及過程會是怎樣的？在社會工作或者心理輔導裡，「反省」的內容有否認真地被檢出來作討論呢？你又反省，我又反省，大家究竟想著什麼？有些「反省」是被賦予相當負面的意義的，那種態度是「你反省一下啦！」，「反省」往往被扣在「做錯事」及「驕傲」等概念上；但是我所指的「反省」，並非指這兩樣東西，而是建基在那一對（我前面提及的）「對聯」上。實際上，我們確實生存於一種主流文化下，我認為有需要去時刻檢視生活中每一句說話及每一個行動。

我認識了一班對我甚具啟蒙性及甚有批判能力的朋友，一方面，他們令我學了許多東西；但另一方面，我亦會發現到當我們不停追求解放社會，進行反欺壓實踐的時候，往往會不自覺地掉進另一種陷阱：就是我們盲目地及輕易地以為我們正在實踐一些解放他人的行動。我並非想指責我的朋友虛偽，而是我想再問下去：問題就是我們的主流文化。

與這班朋友相處久了，我慢慢懷疑我們所宣稱要解放的群體，會否只是一個我們自己想像出來的「抽象群體」。一班宣稱要解救窮人、反欺壓的人，於生活的細節上有時都會令我感到不是味兒；例如，我向他們打個招呼，他們有時會頗兇惡或冷酷，不太理會他人感受，亦會說些頗尖酸刻薄的「笑話」。他們在「解放」那個遙遠的「社會」的同時，又有否顧及身邊人的感受呢？結果是：他們為一班他們鮮有接觸的弱勢社群而努力，卻忽略了在他們身旁的人，相當矛盾。但是我並非要怪責這班朋友，因為我懷疑我也是如此，我的反省就是：我們處於日常生活裡面，其實是權力的載體，即是說，我們常不自覺地在生產某種權力，我們不自覺地實踐某些主流文化，說某些話、做某些行動（White & Epston, 1990）。

我記得一次比較深刻的經驗：我向一位朋友提及我想改善自己的英語，透露我那陣子正收看 BBC，這位朋友回答：「BBC 是英國口音，你有否收看 CNN？」聽了後，我開始有少許被「潑冷水」的感覺；我表示那陣子亦有閱讀 TIME，他則回答說：「TIME 只是其中一本美國雜誌，你有否閱讀英國雜誌呢？」我說我正學習英國英文，他就提及美國口音，我說我學習美國書寫，他就問我有否學習英國書寫。最後，我表示我會努力學習，他則說：「語言學習是在乎天分的！」對話結束後，我感到十分沮喪，學習的熱情大減。但從那次經驗中，我頗深刻地體驗到支配文化的力量！那位朋友在我的心目中，也算是個相當具批判力及熱心提倡充權（empowerment）的人，但那段對話為何如此具破壞力呢？我的重點並不是要怪責我的朋友，我倒是意識到滿口「批判、充權及解放」的我，也極有可能重複類似的對話，畢竟，我們的主流文化是傾向找別人的錯處、不完善的地方及弱點。我開始感到我每一句話也帶有危險性，或許，在這刻，在這樣的場合裡，我會很警惕，不會說得太過了頭，但在其他場合，則可能會十分放縱，甚至不太警覺自己究竟說了些什麼，我就覺得很危險，我亦有點憂慮。我開始質疑自己的說話。

1.4 敘事治療貴乎背後的精神

訪問員二：先讓我整理一下：直到目前為止，我們談及不少東西，如最初的「對聯」——'Everything is Dangerous' 及 'Nothing Goes Without Question'、「反省」、「反省的關鍵——發問」、主流文化對你及你的朋友的生活實踐的無形影響，以及你對這些主流文化的影響的醒覺及由此而來的質疑或發問。你可否說明以上的東西，與你作為一位故事療法治療師，有何關係？

筆者：我希望沒有錯誤理解你的問題，你是否問我剛才我所談及的概念及經歷，與我作為一個故事療法的治療師有何關聯？我剛才說了這麼多東西，是想強調敘事療法的其中一個重點在於「反省」：對主流文化及受其形造的日常生活的實踐作出質疑。「質疑」是「反省」的具體活動，而「反省」則是因為那對「對聯」——'Everything Is Dangerous' 及 'Nothing Goes Without Question'。我剛才提及我與那班朋友的經驗及那段有關學習英語的對話，是常說明 'Everything Is Dangerous' 這種觀點，正因為每樣事情都有不妥當的危險，所以才需要「下聯」——'Nothing Goes Without Question'。其實，這是一種「懷疑主義」（Skepticism）（Klugman, 1997）。「反省」不單有懷疑的意義，更強調我們不但需要向外界——如案主——作出質疑，更要質疑自己受主流文化有形及無形的影響（Taylor & White, 2000）。另外，我在最初曾表示，我不太介意我是否是一位「敘事治療師」，是因為我認為最重要的，是我能否捉緊這種懷疑的精神。其實我並不追求要成為一位「敘事治療師」，我與敘事療法，其實只是某一個歷史時空裡面的偶遇，因為我在未遇上它前，我也傾向如此思想事物，遇上它後，覺得有莫大的共鳴感。我不排除在將來，在我的治療實踐上會有與敘事治療不太相同的方法的可能，畢竟，我要面對我工作環境的獨特情況，但重點不在於形式，而在於精神。

2 「另類可能」的開發

2.1 由「批判」到「可能性」

訪問員一：若我沒有會錯意的話，我感到你剛才所講的「反省」及「質疑」，不單出現在你的輔導工作中，更是在你的生活中被表達出來？

筆者：是，那種「質疑」及「反省」都會在我的生活中出現或被表達出來。

訪問員一：敘事療法與你自己，究竟是怎樣連結在一起的？

筆者：是相當互動的。在起初的時候，我並不是如現在般看待這個治療方法，而是透過我和它不斷的互動而產生出來的。我學習故事療法的方式可能有點特別：我會在許多公開場合分享我對它的理解，如舉辦課程，這其實讓我可以演練（perform）我的知識，令我慢慢形成故事療法治療師的身分。

訪問員二：這是否意味，這種相遇就彷似找到個朋友來與你一起建造自己？

筆者：是！它強化了我。我以往覺得自己頗具反省力，亦具批判性，故事療法不單豐富了我這些能力，更改變了我自己。我現在多學了一樣東西：對我自己的「批判性」❷進行批判性的質疑。遇上敘事療法後，我開始思考什麼

> 是「批判」，我們常常說要有批判性思考（critical thinking），我有些朋友都很有批判力，我亦相信自己在批判方面有很大的能量，我以往會批判政府哪裡不妥，批判社會工作的問題，批判各種各樣的奇怪現象。以往亦曾與友人出版了一本書（夏民光及邵家臻，1999），用董建華作了個十分具諷刺性的封面，感覺暢快……但我漸漸感到，我的批判變成了「批評」（criticize），我開始關注這種「批評」所帶來的影響（effects）究竟是什麼。

我認為，「影響」比「批判」本身重要，我不是為了批判而批判，我考慮的，是它帶來什麼。我們可以用相當批判的角度去評論某些事情，但我們能否令讀者（readers）因我們的批判而採取積極的行動呢？有時，我們深入地批判了某種事情的問題，你對政府某些政策有很批判性的分析，其結果可能是別人覺得你很有智慧，很有本事，「影響」是別人對你多一分敬佩，但若只是如此，我除了因別人的讚賞而感到開心外，則不太感到有意義。我關注的，是我的批判到最後能否帶來更多、帶來改變的可能性。回頭看，有時我會懷疑自己有時會好心做壞事，在批判中暗地裡誇大了政府或某種政治的力量，令人感到我們的政府或政治是無法抵擋的，或令人覺得主流文化是難

❷ 我所指的「批判性」，除了與「質疑」的意義十分相似，含有不輕易相信、傾向否定及尋找漏洞的意思外，更強調社群間權力關係的面向。

以抗衡的。我對社會福利界亦有很多不滿及批評，我記起有次我分享了我對它的批判後，有聽眾表現得十分無奈，並向我表示，他對現今的社福界問題的解決方法，就是不再做社工。我不禁自問，我的批判有時所帶來的結果是令別人有「離場」的念頭，我並不覺得我的努力開展了新的可能性，動員了新的能量！又例如，我剛才提及的有關我學習英語的對話，我的友人也可以算是十分具批判力了，但結果卻令我十分沮喪！我認為，「批判性」本身並非絕對的好與壞，我們並不能一味地批判，而是需要於特定的場合對它的影響作出評估。

敘事治療提醒了我開展「另類可能」（alternatives）的重要性。我並非要停止批判，而是在批判的時候，走遠一點，考慮它對讀者在身分建構及行動方面的影響。

2.2 治療焦點——增加案主採取行動的可能性

訪問員二：你提到當你遇到敘事治療這位新「朋友」後，你開始關注「批判的影響」，你認為「批判」本身亦帶有其危險性，因為它有可能成為某種權力的載體，不自覺地強化某種權力，排除某些可能性。你開始看重「另類可能」。我想問：這方面的啟發，對你的治療實踐有何影響，它能豐富你的工作嗎？

筆者：先談談我早前的工作狀況。在我未曾接觸敘事治療前，其實我也接觸了不少敘事治療採取的理論及學說，如後現代、後結構主義及社會建構理論等，但那陣子，還未很深刻掌握「另類可能」的意義，只是不斷地批判及質疑自己身處的處境——我的工作是一個充斥著醫療論述的領域，我們都傾向用「病理學」（Pathology）及潛藏問題（underlying problems）去建構使用毒品的人。我感到頗辛苦，因為自己不太認同這種分析，我不想把他們的處境問題化及個人化。我總認為，他們的處境並不是他們的問題，他們所面對的困境亦不只是因為他們及他們家庭的情況所導致，而是與整個大社會有關的。問題就是：我的分析只停留在批判上，我感到主流的分析不妥善，但我卻提不出另類的、系統性的工作手法。結果就是，我要跟隨大潮流走。當然，我自己也有嘗試把自己的哲學觀點放進工作實踐上，但仍處於起步的階段，未能發展較有系統的介入手法。當我遇到敘事治療時，有他鄉遇故知的感覺，我「知道」我遇上了我最想要的工作手法。它為我提供了大量啟迪於後結構及社會建構主義的面談技術。更重要的是：我開始由「批判」走到「另類可能」的開展。我並不排除其他熟悉批判的人，早已理解發掘「另類可能」的重要方向，但對我而言，我是在敘事治療中得到這方面的啟蒙的。我認定這個發展「另類可能」的新方向後，在治療上就集中於找尋可能。當我的眼界改變了後，我就更確切認定治療的目的，就是要製作一種增加案主採取行動的機會率的對話情境，重拾那種為自己作決定的自由，而削弱受主流文化的控制。這成為我在輔導上作決定時的一個重要的價值指標——當我要檢視我的介入手法，或在治療性的對談中，不太確定應否改變或沿用舊有路線時，我便自問：「這樣做、這樣（不）相信或這樣談下去，會否有利呈現更多令案主採取行動的可能性，或是關閉可能性，癱瘓行動？」這種指標與主流的評估（assessment）很不相同，後者追求案主故事的真實性（veracity），透過比較不同的資料來源（案主的家人、朋友及案主的前言後語的一致性）去決定哪個才是現實；但前者則評估案主故事對案主在行動的可能性上的影響（Strickland, 1994）。

3 敘事治療與個人生活體驗

訪問員一：讓我們先整理一下：起初，你談及一些有關敘事治療的基本態度及精神，如「反省」、「質疑」、'Everything Is Dangerous' 及 'Nothing Goes Without Question'。稍後，我們談到這些重要的精神及態度對你的影響：令你批判地反省「批判」，追求「批判」所產生的正面效果——解拆主流文化的枷鎖，開發「另類的可能」；你又認為，「另類的可能」成為你輔導工作的焦點，特別是在你的介入判斷或評估上，你會以「能否增加案主採取行動的可能性」作其中一項重要的依歸。談過了敘事治療的精神及態度，又探索了它對你思想上及輔導上的影響，我想開一個新的話題：敘事治療對你日常生活有什麼影響？

筆者：我有興趣談談我的個人生活。我想敘事治療真是不限於治療，它根本就是一種生活模式及哲學。我剛剛講過，我以前對許多東西也懷著一種批判的態度，我對社會，對許多東西也有好多不滿。當我開始找尋「另類可能」時，我開始思考人的主體的可能性：「我可以擁有與現在不同的『我』嗎？」再落實一點說，我刻意選擇令自己態度柔和一點。我以前常懷著頗銳利的「刀鋒」，我唯一的目的就是要解折一些我認為十分具欺壓性的東西，我亦不太理會別人的感受，也少有考慮我的批評對別人日後發展的影響，我只是專注理性的層面。但當我發展下去，不但我的治療實踐有所改變，我的生活也不同了。不知是否與敘事治療有關，我頗強烈地感到，我愈來愈喜愛小朋友。我剛才遲了一陣子才出現，因為今早我的外甥突然間胃痛，我就把一切拋諸腦後，帶他去看醫生，跟著再趕來這裡。在心裡面我第一次感覺到很不開心，有想哭的感覺，他令我想起許多事情。我以前不會如此在意他們，我在這一兩年彷佛有好大的轉變；我覺得與他們的相處，給予我許多知識，因為我面對兩個小朋友，我相對地擁有頗大的結構性權力，說到底，我都是個有權力的大人，腦海有兩幕較深刻的影像。

3.1 戰鬥陀螺（港譯爆旋陀螺）

第一幕就：我算是個「大唔透」（不太成熟之意）的人，前陣子，某卡通牽起了「爆旋陀螺」這玩意，我又學人玩「爆旋陀螺」啦。我買了一個較昂貴的正牌「爆旋陀螺」，名稱大概是「白虎」吧，它是我好喜歡的陀螺。我的外甥也玩爆旋陀螺，我和他兩個人一回家碰頭就會玩「爆旋陀螺」。有一日，我突然間感到我的外甥見到我之後，並無眼神的接觸，並帶點冷漠，我懷疑發生了什麼事。這情況連續發生了好幾天，最後我發現我的「爆旋陀螺」不翼而飛，就大概猜到發生了什麼事：他拿走了我的「爆旋陀螺」，嚴重一點來說，他偷了我的東西，所以他不敢與我有眼神接觸，不與我傾談，又不逗我玩。他不陪我玩「爆旋陀螺」，我感到有點苦悶。我就開始查問他，我有點悔疚，因為我待他很凶惡；我抓他進入我的房間，我記不起我有否亮燈，似是十分黑暗的吧，那時是下午六點多左右。我認為我採用了一種頗主流的處理方法，因我認為「偷竊」是相當嚴重的罪行，這種主流的思想突然在我的腦海中出現。我並非要怪自己，但是我認為我有責任。那刻，彷彿有種無形的力量把我擺放（position）於某個位置：我是舅父，我是成年人，我是為了他好，所以我需要行使[3]一種十分強大

---

[3] 在傅柯的權力觀中，權力並非固定存在於身處高位的人，例如，老闆並不一定永恆地擁有及必然地擁有權力，若他不（能）使用權力，他便沒有權力。Foucault 認為權力是需要被行使出來的。請參考 Best, S & Kellner, D. (1991). *Postmodern theory: critical interrogations*. New York : Guilford Press.

的規訓權力。這當然是我後來反省的對象，那個時刻我根本就是意識不到；那刻，我就只是走進去，對著我的外甥說：你有否取走了我的「爆旋陀螺」？是否偷了我的東西？為何要偷？很有包青天審犯人的味道，嚇得他哭了起來。其後，我認為我做了最不該做的行動——我向他說我會報警。我當然不會真的報警，我的目的只是把他嚇個半死，那陣子我的腦海只跟著一種十分主流的思路：「我要認認真真地嚇他一次，這樣，他成長後便不敢再犯了。」當然，他朝有日，我不敢擔保會有位心理學家或輔導員與他發掘他個人歷史的時候，會把這次經歷視為他變性或成為同性戀者的因由。❹這一幕經歷帶給我很大的震撼，完了之後，我極度不快，異常不安，這孩子的淚水、顫抖及那副被嚇得失魂落魄的表情，仍纏繞著我的心。這帶給我許多反省，自始之後，我更加確定「質疑」與「反省」的重要性。沒有人會指責我的，我母親也不會；我把整件事告訴了她，包括「報警」，她說：「好，應該嚇嚇他！」這就是主流。之後，我與他修補關係，其實小朋友沒怪責我，我覺得他們的胸襟好闊，我亦好感激他，兩三日之後，我們又玩爆旋陀螺。

3.2　電視與做功課

後來，我特別留意我與他們的權力關係。其實他們年紀十

❹ 我想強調，我沒有諷刺或貶抑同性戀者及接受變性手術的人的意圖（當然我不絕對保證實際的效果），相反，那刻我倒是想向某些傾向把「異己」（others）問題化及替其建構歷史「真相」的輔導手法開個玩笑。

分小，一個八歲一個九歲。我記得最近有一次，我放長假，下午在家閒蕩，看到他們在客廳一邊做功課，一邊看電視。那種主流的文化又再次出現，有點被鬼魂占據腦袋似的：「看電視做功課不好呀，應該即刻停止！」這次我較能意識到它的出現，我對這些聲音提出質疑：「一邊看電視，一邊做功課，有何本質上的不妥呢？我是成年人，我究竟有否探索過他們的世界呢？」我在那一刻壓住自己指責他們的衝動，然後邀請他們進入對話，我說：「源仔、嘉倩，你們可否同舅父傾談一刻，我只是想與你們談一陣子？」其實他們都有點驚慌，我估計他們都清楚「邊看電視邊做功課」在成人眼中是有問題的。在現場的婆婆可能怕我「沒有服藥」，脾氣再次發作，所以在我未開口前，便「先發制人」，說：「現在關電視呀，關電視呀！」我盡力保持平和：「不用了，不用了。」這次我亦十分意識到空間的面向，並沒有拉他們入「黑房」，而只要求在客廳談。在這樣強弱懸殊的權力關係下，他們實在很難拒絕「邀請」的。我開口問他們：「你們覺得邊做功課邊看電視是好是壞？」他們合拍地齊聲道：「不好！」我表示：「其實不一定不好，或許，會有好處呢？你們可以考慮一下。」他們顯得有點驚訝。我倒是希望我能與他們展開對話。結果，他們仍是說不出好處來。這次我來得較安心，因為我已嘗試找尋主流以外的「另類可能」。我轉了話題：「那麼，邊做功課邊看電視，對你們有何影響呢？」為了鼓勵小孩發聲，我還說：「若你們能提供四點，我就有獎品給你們。」他們變得雀躍起來。在我的心裡，其實也有些標準答案，但我八歲的外甥女卻給了我一份驚喜，她說：「若開著電視做功課，我就不專心，就會做錯，若同學問功課，我就會給她錯的答案！」這是我從未想到的答案！對我而言，這討論實在豐富了整件事情，小孩子可以發聲，亦可以思考那些主流的文化，我的心境亦不同了，結局亦不是主流設定的「權威舅父大義凜然，教化無知小朋友」。疼惜乖孫的婆婆看到「和平會談」後，也放下心頭大石，沒有再插手了。最後，我邀請他們倆為應否關電視作個決定：「關不關電視，你們自己決定吧，舅父不過問了。」我認為，他們可以下決定的。我說完後，就返回我的房間，以減少我給他們的壓力。在整個對話裡，我沒有刻意套用敘事治療的某些技巧，但我認為它對我最重要的影響在於哲學層面，我對權力的分析，及對對話豐富性的追求。我覺得我有新的美學（Aesthetics），這令我的生活很不同。

4　發展「另類權力技術」

訪問員二：Harris，你剛才提到敘事治療這個朋友，對你而言，不只是一套治療，更是一種觸及你生活模式及哲學的精神，令你溫和了，亦令你更重視別人的感受、對話的細節及人與人的權力關係。這種改變，是於你遇見敘事治療後發生，還是有其他的個人歷史背景？

筆者：在我未曾接觸敘事治療前，我對它所依據的哲學也可以算是有一點認識，如後結構及後現代主義，我亦相當關注權力關係，對自己或多或少也有批判性的反省及質疑，所以，確切地說，我並不是一遇到敘事治療便在一夜間改變方向，而是在原有的哲學及方向上走遠一點，令其可以進一步被應用在我的實踐上。敘事治療除了借用後結構主義對權力的分析外，更甚具創意地發展了許多對話的技術，例如外化及解構對話。對我而言，它們其實是一種為針對權力所產生的抑制（constraining）效果[5]而設計的權力技術，重點是對權力的抑制效果進行反抗（Parton & O'Byrne, 2000），並開展「另類可能」，產生案主自己喜歡（prefer）的主體。這些權力技術為我的批判思考提供了落實點，令批判性的反省及質疑不跌進「紙上談兵」、「有破壞無建設」、「不設實際」、「理想主義」、「講就天下無敵、做就軟弱無力」及「太過學術、理論化」等等的問題裡。再說白一點：我以往在學術的層面上的確了解到許多形式的欺壓，從後結構主義裡了解到宏觀社會的欺壓往往會透過日常生活的說話展現出來，但這種理解未能清晰地告訴我可以怎樣反抗。敘事治療正告訴我可以怎樣做，我不用一味只批判權力的運作及其抑制性的效果，更可實踐，這是一種具實踐性的批判（practically critical）。但我感覺到，這種反抗性的權術並不容易被發展出來，

---

[5] 根據傅柯的學說，人與人之間的權力關係是無處不在亦無可避免的，它既具抑制性亦具生產性（productive）的效果，所以敘事治療所要拆解的，不是權力本身，而是權力對主體所帶來的抑制性效果。

我近一兩年有不少與輔導員交流的機會，我發覺權力的運作實在十分具處境性（situational），在不同的處境，就有不同的運作方式及抑制效果，許多同事並未滿足於三個對談原則，他們往往會提出許多處境對話，追求切合其處境的獨特對話技巧。他們的分享，令我更重視每一句說話，用每一個字，這個是我新的關注：「在這獨特的處境，面對這些獨特的對話及其對主體產生的抑制效果，可以怎麼處理呢？」有許多時侯，我也感到難以對答。

訪問員二：這種新的關注似乎是一種你個人的新發展吧？若是這樣，你會怎樣為它命名呢？

筆者：我會稱它為「發展另類權力技術」。這套技術是與主流文化及其附帶的抑制權力效果「對著幹」的，是針對權力在日常生活及交談中的微細運作。我估計在未來幾年，它會是我發展的焦點。

訪問員二：這是否意味你會由宏觀的社會批判，轉移至發展十分細微的另類權力運作呢？

筆者：我想這種「另類權力技術」是包含了社會批判的視野，與我們的大社會有關，但權力的運作及效果卻發生在十分細微的生活上，特別是我們日常生活的話語裡，正如我剛才提及我與小孩子的經驗，那是十分細微的交談，但當中卻又建基於宏觀的主流文化。所以，發展「另類權力技術」並不能排除對宏觀社會批判的關注（Vodde & Gallant, 2002）。

5 遇上敘事治療

5.1 與敘事治療的「前世今生」

訪問員二：你可否談談你遇上敘事治療的經過？

筆者：我剛才都有提及我的工作環境，我的同事十分強調案主的潛在問題及傾向視他們的行為為病態。我不能說他們是錯的，只是與我的分析十分不同。而這種差別令我相當辛苦。我的分析與我的實踐有一個頗大的空隙，我並未能找到一種可以表達及落實我分析的介入手法。當然，我有不斷嘗試創造一些較批判性的手法，但始終是不太完整，亦得不到上司及同事的認同。當時上司常半開玩笑的說我喜歡「吹水」，潛台詞當然是批評我不夠實際。問題是在工作中，不能太浪漫，要實務，要得到同事的認同才可進行。當環境不太支持自己做新嘗試的時候，堅持會是頗辛苦的。大約在麥克懷特到香港授課半年前，我碰到一本講述敘事治療的中文翻譯書，翻開後，有遇到知己的感覺，它亦是應用了許多後現代及後結構主義的分析，問了許多我一直追問的問題，最令我興奮的，是它提供了一些答案，即實踐的方法。我並不是不質疑，但我知道有一班人已開展了一些方法，並有二十多年的實踐經驗，絕對值得參考。

在同時期，我在工作上亦獲得了新的體會。我被派駐到懲教署某地方，為一班住院的青年人開小組，要教他們拒絕再次濫用藥物的方法。結果是，他們的表現告訴我，他們拒絕學習拒絕濫用藥物的方法。其後，我退一步處理他們的戒藥動機，討論他們的用藥經驗，並嘗試激發他們的戒藥動機。情況亦因此改善了不少，他們大部分也願意參與討論，我與他們亦能建立不錯的工作關係。到了最後一節，發生了一件令我印象深刻的事情。經過了多次的聚會，我認為組員們的戒藥動機是會有所提升的，特別是某位組員，我直覺地認為他會下定戒藥的決心。但他大概對我說：「我出去後，還是會繼續用藥的。我是一個前科犯，我沒有前途，賺不到錢⋯。」我當場感到頗為震撼。後來我反省，他們不是沒有拒絕的技巧，亦不是有否戒藥動機的問題，而是關乎一個更重要的問題：身分問題。那時，正閱讀那本中文版的敘事治療，它亦同樣指出身分這個重要的議題，那我就開始認定「身分」是個我無可逃避的領域。那時，我主要是用「認知—行為」理論（CBT）的，主要是針對濫用藥物的案主的用藥行為，但我認為在行為改變前更需要處理的，是他們的身分問題：「主流文化究竟怎樣敘述他？怎樣令他相信這就是他唯一的版本？對他有何影響？抑制了什麼可能？」我的關注由行為轉移到身分。往後的日子，我嘗試運用敘事治療的權力技術，累積了一點經驗。在一位朋友的邀請下，我很大膽地舉辦了我第一次的敘事治療課程，那時要我在一班經驗豐富的社工面前講八小時的課堂，是頗大的挑戰，但已接受邀請，唯有硬著頭皮。出乎意料地，參加者迴響不錯，我就再接受邀請了，就這樣，我有許多講述我經驗及想法的寶貴機會，我亦遇到不少不易回答的問題，給予我許多反省的動力。整個過程，對我來說是十分有幫助的，因為我可以演練我的知識，每講述一次，我就感到更清晰。我會稱這個過程為「對敘事治療有話兒」（Talk to Narrative Therapy）。這是啟發自一套我好喜愛的電影——'Talk to Her'。戲裡講述男主角每天都向著一個昏迷了的少女講話，建構自己的愛情，愈說愈情深。當我不斷分享敘事治療時，其實也是不斷向它說話，愈說下去，我就愈能建構出一個豐富的「敘事治療獨特版本」。

5.2 後現代的困惑

訪問員二：你剛才提到那本書的筆者套用了許多後現代及後結構主義作分析，問了許多你一直追尋的問題。後現代或後結構主義究竟帶給你哪些問題？

筆者：後現代的思潮曾經令我很辛苦，令我大概有三年的時間變得十分蒼白。我過去十分相信所有東西也有其真相或真理，所有的行動也要建立在真理之上，否則就是錯的。但後現代思潮卻偏偏要質疑這種觀點，而我又覺得它相當有說服力。問題在於，我那陣子說不清楚價值觀與真理的分別。我可以有我的價值觀，判斷對與錯，但我不會給它一個真理的地位，這同樣無阻我的生活。這種「分不清」的觀點令我變得很蒼白，我在人前口裡說著贊成「仁愛、公義」的同時，心裡卻感到疑惑：「是否真的值得支持？」當我懷疑一切原被視為不證自明的「真理」時，我感到很空蕩，難以作出判斷，這足足煩了我三年。直到有一天，我突然想通了般，我認為我可以有我的價值觀及價值判斷的，例如，雖然「人人平等」是近代歷史的產品，在古時並無此「真理」，但最少，我於這個時代覺得它是一個值得追求的價值，所以，在我手的只是價值觀，不是真理。我是反對暴力及反對欺壓的，但它們不是真理，當它們成為「真理」時，我們便不會再質疑它了，這是相當危險的。「真理」這個標籤，其實是懶惰人的樂土，一個給懶人偷懶的地方，因為當價值被為奉為「真理」時，我們便可攤開雙手不用再找尋了，它令你的大腦不活躍。

參考書目

夏民光及邵家臻（1999）。香港好反。香港：香港政策透視。

Ewing, K.P. (1990). The Illusion of Wholeness: Culture, Self, and the Experience of Inconsistency. Ethos, Vol. 18, No. 3, pp. 251-278.

Klugman, D. (1997). Existentialism And Constructivism: A Bi-polar Model of Subjectivity. *Clinical Social Work Journal*, *Vol. 25, No.3, Fall*.

McHoul, A. & Grace, W. (1993). *A Foucault primer: Discourse, power, and the subject*. Carlton, Victoria: Melbourne University Press.

Parton, N. & O'Byrne, P. (2000). *Constructive social work: towards a new practice*. New York: St. Martin's Press.

Schon, D. A. (1983). *The reflective practitioner: How professionals think in action*. New York: Basic Books.

Strickland, L. (1994). Autobiographical Interviewing And Narrative Analysis: An Approach To Psychosocial Assessment. *Clinical Social Work Journal*, *Vol. 22, No. 1, Spring*.，作者清晰地介紹了三種以故事形態作評估的方法。

Taylor, C. & White, S. (2000). *Practicing Reflectivity in Health and Welfare: Making Knowledge*. USA: Open University Press. 及 Fook, J (2002) *Social work: Critical Theory and Practice*. London: Sage.當中詳細討論權力、語言及文化對社會福利工作人員的影響。

Vodde, R. & Gallant, J. Paul. (2002). Bridging The Gap Between Micro And Macro Practice: Large Scale Change And A Unified Model Of

Narrative-Deconstructive Practice. *Journal of Social Work Education. Vol. 38, No. 3, Fall.*，當中討論了敘事治療在結合微觀與宏觀的批判與實踐的貢獻。

White, M. & Epston, D. (1990). *Narrative Means to Therapeutic Ends*. London: W.W. Norton & Company.

White, M. (2000). *Reflections on narrative practice: Essays and interviews*. Adelaide, S. Australia: Dulwich Centre Publications.

第七章

敘事治療——與你夥伴共行的旅程

秦安琪

訪問員：馬綺文、蕭麗霞

「每一次面談都有一種熱切期待和帶一點緊張的感覺，因為即將與個人展開的旅程和行走的地圖都是嶄新及令人無法預見的。」

——麥克懷特

認識我的人，包括家人及朋友都奇怪何以我從事那麼多年的個人及家庭治療員和社會工作教育者，竟會跟其他不同專業的同工為敘事治療著了迷，大家花了很多時間去了解、學習和實踐這套理論，熱誠有增無減。這是因為除了知識和實踐的尋求外，大家的聯繫和共度的生活經驗（lived experience）正是各人所盼望的，亦是「聚敘醉」社群發展的原動力。

認識敘事治療之前，社會工作及教育經驗帶給我很多衝擊。很想多謝馬綺文和蕭麗霞給予我一個在公眾面前重整經驗及反思敘事治療為什麼如此吸引我的機會。在訪問前後我都不斷思索我想與讀者分享的是什麼？執筆時仍然回味及不斷回想從訪問中我看到和學到的是什麼？每一次回味都有新的體驗，我十分享受這個由訪問到文章完成的過程。

以往經驗令我不斷思考的是治療員與個人的關係，我會在第一部分跟讀者分享。經過不斷尋覓找到了敘事治療，因為它給予我與個人夥伴共行的方向，輔導是一個治療員與個人共同建構的旅程，可以在第二部分跟大家暢談這個發現是我的榮幸。任何思想、信念和一個人著重的事情都受個人的歷史和文化影響，治療員的亦一樣，這一點我會在第三部分與讀者一同探討。

1 疑問及反思

當馬綺文和蕭麗霞說我跟敘事治療「有一種強烈的感情」的時候，我便直認不諱。這個邂逅雖是從九〇年代中開始，由「懷疑」孕育出來的，但在之前的社會工作訓練和社會工作經驗裡學到不斷批判自己、社會工作專業和社會，批判的目的並非是評估，而是包含反省、行動、再反省……

筆者：我是教授個人及家庭工作的，在九五年左右我教得很辛苦，因為我發覺自己不再相信所講授的理論，我對背後的一些理念感到質疑，覺得有很多問題。攻讀及教授了那麼多年的理念，一朝變得懷疑，感到很慘、很辛苦，於是我要去思想和尋覓方向。有疑問便要找答案，不斷思想便永無止境、永遠都有很多問題，於是永遠都在尋求答案。

1.1　工作經驗的反思

1.1.1 學校社會工作

在八〇年代初期，社會工作者在學校的角色與今天似沒有很大分別，主要是協助學生發揮潛能，使他們健康成長、建立和諧的人際關係，並加強學生與家庭、學校及社群的聯繫（Task Group on Multi-disciplinary Guideline on School Social Work Service, 2000）。與眾多老師的接觸和合作關係中，我所體會的是，他們大部分都把學生學業和行為問題界定為學生的個人問題：上課不專心、欠交功課、逃學、在店內偷東西、離家，都是老師轉介學生到社工室的原因。為了讓我更明白學生的問題，老師會跟我詳談學生的違規行為及他們已努力採用不同的賞罰方法，協助這些學生返回「正常」的軌跡（秦安琪，2002）。有少部分則嘗試以家庭理論明瞭家庭問題對個別學生的影響，例如當父母的關係出現問題，青少年子女的成長有機會受到負面的影響，青少年的問題其實是他們以僅有的力量試圖迂迴（detour）父母的問題，以阻止父母離異及家庭解體（Minuchin, 1974; Minuchin & Fisherman, 1987）。此時老師在依校規責罰之餘，亦多寄予同情和鼓勵。當我接觸每一位「問題」學生，並有機會聆聽他們的看法的時候，便不能接受他們就是問題，違規行為背後除了個人或家庭之外還有很多原因，例如偏重成績的教育制度把那些不能符合社會「好學生」要求的青少給排斥。當我希望為這群同學解釋現況的時候，很多老師會說我「心腸軟」、被學生瞞騙了；而且，我與學生的關係一向亦師亦友，於是我這位社工員亦成了問題。

然而，治療員必須找出誰是問題嗎？問題必定是學生、家庭、老師或治療員嗎？如果不是，那麼「問題」究竟在哪裡？會否我們只集中探討學生的問題才成了問題？老師的賞罰角色那麼重要嗎？目的是什麼？這樣的想法和介入模式從哪裡而來？我們這樣做是否會成為社會控制（social control）的工具？我們有沒有明瞭學生身處的境況？對青少年來說，學校是一個怎樣的場地？社會工作員在學校怎樣作為學生與學校的橋樑？怎樣促進學生與家庭和社群的聯繫？我們與學生亦師亦友的關係不對嗎？這些都是我經常思考的問題。

1.1.2 保障兒童工作

在防止虐待兒童會的三年半保護兒童工作，我接觸的服務對象多是懷疑被他們所熟悉的成人虐待的兒童，加害者多以母親為主。起初與她們接觸的時候有點害怕，心想她們是否很粗暴？與她們建立關係是否會很困難？無疑我是受心理病態理論（psychopathological theory）的影響，把加害者看成性格出現問題、容易發怒、兒時曾受虐待的人（Coohey & Braun, 1997; Morton & Browne, 1998; Lyons-Ruth, Alpern & Repacholi, 1993）；但我的疑問是，這些母親不是一天二十四小時都在虐待子女的。與她們傾談的過程，她們讓我有機會了解她們所經歷的困境和所遇到的壓力，如經濟或欠缺支援等（Crittenden, 1985; Hashima & Amato, 1994; Linares, Groves & Greenberg,

1999; Nasir & Hyder, 2003），她們每一位都極希望子女成為好孩子及自己是一位好母親，暴力行為往往是她們達成此理想的最後方法。壓力的另一來源是要遵守社會訂定的好母親和好太太的標準（Tsun, 2001），這發現使我愈益思考怎樣讓她們表達自己的聲音？我如何在這裡多出一點力？她們對我的信任和尊重更令我驚喜；在團體諮商的過程，看見她們的力量得以發揮、互助互勉，使我更感受她們美麗的一面。

每當知道暴力行為出現，縱使我仍關心和關注她們的福祉，守門者（gate-keeper）和保護兒童的角色，令我感到不得不以強硬的語氣和態度面對她們；我亦需要在很短的時間決定，是否需要通知警方和有關部門，在這些時刻，我充分體驗保護兒童角色賦予我的權力。不過，對於這「權力」我卻感到渾身不自在，因為它使我感到與這些母親的關係拉遠了。

另一方面，多元專業會議有助我反省下列的問題：第一，雖然我們深信各專業人士都會了解個人及家庭的需要才作出評估，但兒童和家庭成員能否出席及在什麼時候出席會議，什麼時候發言，至今仍是由專業人士決定。我曾聽到很多社會工作員和心理學家反對這個安排，他們的理由是這些案主「不適宜出席，他們不懂我們的專業知識和名詞，不懂怎樣分析情況」。我內心不禁問，為什麼影響整個家庭生活的會議，竟然沒有家庭成員的份？除了服務對象之外，誰可更了解我們在會議中所討論的內容和結果是否是他們希望的？專業人士必須使用專業知識和名詞才可以溝通及作合適的介入工作嗎？以專業語言溝通的作用是什麼？這樣做如何影響專業人員與服務對象的夥伴關係（partnership）？事實上，個人及家庭的參與，與他們成為合作夥伴，實踐這相互關係（reciprocal relationship）不但是他們的權利，沒有指責的諮商關係才是成功的基石（Lansdown, 1997; Ryan, 2000）。

第二，不同專業往往為著維護個別專業的獨特處而爭辯，多元權威（multi-authorities）、縱橫（wide-ranging）及不一致的知識令案主無所適從（Parton, 2003）；不能為案主取得需要的資源時，我們的解釋是他們未能達到資格或標準，專業地位和知識未能助我們為案主爭取權益之餘，更令我們忽略了她們的聲音，致使她們與社會和保護兒童制度疏離，對制度欠缺安全和信任。我們應提供怎樣的個人及家庭支援？補救方式？安全舒適的環境？強度面向（strength perspective）？無論如何，一個治療聯盟（Gilligan, 2000）及支持的社區（Crow & Allan, 2000）十分重要。

1.1.3 社會工作教育

與大學學生分享個案輔導和家庭工作／治療的十多年光景中，上述的懷疑和問題再一次湧現，令我感到十分迷惘的是，我質疑所講授的輔導理論，包括概念、評估或分析架構和介入手法。回想無論是學校社會工作、保護兒童工作或教育工作，其他助人專業都把問題看成個人或家庭的問題，內在歸因（internal attribution）令專業人士一致認為個人和家庭需要付責任（Festinger, 1954），這個訊息在輔導過程傳遞予服務對象，由於他們都相信和尊重我們的專業知識和地位，故此多接受「有問題」的稱號。

「問題學生」或「失效家庭」（dysfunctional families）的名字的確提高了無數個人和家庭改變現況的動機，不過，專業人士的評估卻令他們被邊緣化（marginalized）和被壓迫（oppressed）；若治療員未能在預期的時間內協助服務對象達到改變的目標，治療員慢慢亦被邊緣化，原因是欠缺能力（incompetent），個別治療員會感到自己很失敗（sense of failure）和沒有用處（White, 2002a）。

質疑和反思使我對自己的社會工作實踐、對服務使用者的了解、治療員與案主的關係、福利制度背後的理念、社會價值觀及文化等提出很多疑問；當我們把問題視為個人或家庭的責任時，便忽略了社會現象和主流文化的影響。這探求過程並不好受，原因是看到自己、助人專業、制度和社會的不足，但卻有助我選取實踐理論時不斷調校介入方法和技巧，並思考一個很基本的問題——什麼是有效的輔導？

1.2　諮商關係和聯盟的反思

訪問員：「妳不斷思考和學習，我很好奇這是從哪裡來的呢？」

筆者：「在防止虐待兒童會工作時，每一次家訪或與個人傾談，接觸到她們的內心世界，我都覺得這是一個特許（privilege）。回家途中我總會反省聽了多少？遺漏了多少？我所回應的對這個家庭有用嗎？下次的面談我應

> 該怎樣？」
>
> 反思的過程，我都會回歸到一個很原始的問題，何謂輔導？輔導「是一個互動的過程，其特徵為諮商員和個案藉著特殊關係的建立，造成個案在下列一個或一個以上層面的改變：行為；信念；因應生命處境使機會增加、困境減少的能力；決策的知識與技巧；及情緒痛苦的程度。」（呂俐安等，1996）

鍾斯（Nelson-Jones, 2000）亦指出輔導是一個過程，透過治療員與個人建立關係，從而了解案主所遇到的問題，把這些資料傳遞案主，以達至有效解決問題的方法。Meier 及 Davis（2005）表示輔導是與個人的人際間接觸（personal contact）和發展聯盟（alliance）。Pilgrim（1997）對心理治療的解說，則是「一種個人關係，包括一連串對話的協商會議（negotiation meeting）」（頁 97）。

建立良好的諮商關係或人際間接觸，一直被認為是有效諮商的首個要素，卡爾羅傑氏（1951）提出的三種輔導條件——同理心（empathy）、正向的關心（unconditional positive regard）和真誠（genuiness），被譽為良好諮商關係的基本原則。Gelso 及 Hayes（1998）則認為這些是治療員提供的條件，與治療員和案主的諮商關係有別，他們界定諮商關係是「治療員與案主對對方的感受與態度，及這些感受與態度的表達」（頁 6）。

經常感到好奇的是，每天都聽到不同案主所遇到的問題和困惑，心中不禁想，他們為何竟會對一個陌生人訴說這些可能不為人知的秘密，就因為我是專業人士？我的樣子可信？不同研究（Bozarth, 1997）顯示，有效的輔導以諮商關係占 30%，輔導以外的因素占 40%，技巧及理論只占 15%；Miller、Duncan 及 Hubble（1997）的研究結果亦指出，治療員的態度遠較技巧重要。根據四個主要輔導理論叢集（cluster），Gelso 及 Carter（1985）把輔導關係分為四個面向（dimension）：

1. 中央面向（Centrality dimension）——諮商關係是協助案主改變的重要元素。
2. 方法－目標面向（Means-ends dimension）——諮商關係是達成案主改變的機制（mechanism），可以影響案主依照治療員的建議分析或讓案主審視自我並作出改變，卻不是導致改變的原因。
3. 真實－非真實面向（Real-unreal dimension）——強調或關注的是案主因早年未經處理的關係而對治療產生扭曲的移情關係（transference）。
4. 權力面向（power dimension）——無論治療員選取的是什麼理論，他所處的位置便賦予他一定的權力，權力的來源包括社會、司法制度、所屬專業、知識、主流文化等。

相信大部分輔導理論如心性社會治療、人本治療等的諮商關係，都以中央面向為主，行為治療、理性情緒行為治療則偏向方法－目標面向；心性社會治療對於個人的扭曲移情關係尤為重視。然而，權力面向我們則鮮有探討，甚至不在意它的存在。另外，治療員偏向哪一個諮商關係面向自然影響他對個人的態度。在我而言，除了羅傑氏提出的三個條件，耐性、對個人的尊重和興趣都十分重要。

費威（Feltham, 2002）邀請案主反映輔導效用的質性訪談中，發現其中一位案主透過繪畫和創作詩詞，進入了生命不同階段的圖像，回顧童年生活片段和夢想。另一位案主則提到第一次步入面談室時，治療員請她可以坐在椅子上或地上的選擇，令她感到無須按照治療員的指示和分析去做，她是有選擇的，亦感到可以「控制」（control）與治療員這商議（negotiation）及選取的過程，案主感到治療員「陪伴」（accompany）著她，而不是感到被「評估，就像證明我便是問題，使我在黑洞跌得更深的對話」。一段錯綜的關係被看成是有價值和有其他可能性。同時，治療員表示輔導是否繼續進行是由案主決定；案主亦可以不同意、挑戰、懷疑治療員的說話；沒有專業語言，只有簡單和尊重的語句。

從不同的經驗反思治療員與個人的諮商關係，令我肯定自己選取了以個人為中心的諮商關係，但卻不認同治療結果是要個人改變，因為若以個人為中心，治療目的和內容是由個人決定的，問題和改變都是專業人士的語言，個人的語言和希望才是輔導的重點。怎樣的諮商關係是彼此感到最能共行邁進的？這仍是我在尋找的東西。

2　敘事治療夥伴共行的諮商關係

探討共行的諮商關係前，我希望先跟讀者探討影響心理輔導理論的科學派別，因為派別背後的理念便是影響諮商關係的來源。

2.1　自然科學、符號科學與心理治療

各心理治療理論背後的理念主要是自然科學（natural science）與符號科學（semiotic science）的混合（Pilgrim, 1997），前者了解如天氣和生態等可預測的自然現象，這些自然現象受多種因素（包括內在或外在的因素）影響，故此是開放的系統（open system）。事件都是受制於時間和地點，所以是按「特殊背景」（context-specific）的影響；但跟物理科學（physical sciencc）一樣，自然科學相信因果關係（causal relationship）、定律（law）、描述（description）與解釋（explanation）、預測，所以事物是有客觀現實，受某些因素決定，並可以作假設的（Blaikie, 1993; Bryman, 1992）。研究或了解對象被看為一件機器（mechanics），研究結果或合法知識（legitimate knowledge）亦然。人類作為被研究、了解或治療的對象亦被視為機器，乃一個客體，生活中發生的事物便可由研究員或治療員觀察、評估、歸類，然後依假設得到客觀現實（objective reality），作出治療方法，目的是改變導致不良後果的因素。

符號科學亦強調事件的描述和解釋，但所得的知識只屬暫時性（tentative），對事件不作假設，亦沒有預測，因為符號科學相信，人類的生活／生命是透過語言運用及我們賦予語言的意義衍生而來，並經個人創造和辯證（justify），對事件作不同的演譯（interpretation）。個人的主觀現實（subjective reality）才是最重要的知識，因為研究和輔導的目的是了解個人對事物的詮釋，個人的「內在知識」（insider knowledge）才是主體。

一九七〇年代開始的社會運動如女性運動指出，治療王國必須了解社會不同階層、性別等的互異經驗（diversity of experience），及肯定這些經驗的價值（Edwards & Ribbens, 1998; Oakely, 1999）。後現代和後結構思潮的二元對立、對互異生活經驗正好尊重個人－知情者（knowers）以語言建構了他的社會背景和主觀現實，而非絕對（absolutist）和全人化的論述，把治療帶進另一領域（Held, 2001）。（後現代及後結構思潮在理論篇已有詳述，故不在此重述）

2.2 心理治療與諮商關係

以下提及的理論各有其獨特之處，亦為不同專業和個別專業人士選用，自有它們的貢獻，筆者無意在這裡批評。討論的重點乃是它們所提供的治療背景（context of therapy）及諮商關係。

心性社會治療（Psychoanalytic Therapy）及受其影響而發展的心理社會治療（Psychosocial Therapy）、心理動態理論

（Psychodynamic Theory）及交互作用分析（Transactional Analysis）等，把個體的「自我」分為三個結構部分，同時強調歷史和重要他人對個體成長的影響。治療員集中了解個人的內在狀況（internal state）或內在經驗（inner experience），治療目標是改變重要他人對個人影響的強度，增強個人的自我功能。行為治療針對現在的行為，人的行為受外界事物的影響，改變行為的方法是改變刺激物和環境。理性情緒治療（Rational-Emotive Therapy）及現實治療法（Reality Therapy）也是集中個人的現在景況，問題分別來自個人的非理性觀念或他未能察看現實所致。理性情緒治療的治療目標是讓個人審視自己的非理性觀念來源，並以理性思想取代，結果是消除負面情緒，個人作出負責任的行為。現實治療法透過給予個人安全及有選擇的環境，個人得以分析自己對生活的期望，並以合乎現實的方法達到這些期望。

家庭治療如 Bowen（1985）的原生家庭理論（Intergenerational Theory），把問題看為個人與原生家庭的「不能分割自我群組」（undifferentiated ego mass）；曼紐秦（Minuchin）的結構家庭治療（Structural Family Therapy）則以家庭疏離或過密的界線、成員的權力位置分析家庭結構問題引致的個人問題。雖然，曼紐秦亦強調主流社會與家庭的互動影響，也說明沒有完美的家庭結構，但結構家庭理論仍是把家庭歸類為「正常」與「不正常」，所有前來接受輔導的家庭都預測會被埋怨或指責（O'Hanlan & O'Hanlan, 2002; White, 1998）。另外，家庭治療以傳統單一面向看家庭問題，忽略了種族、文化、性別等的差異（McGoldrick, 1998），這樣形成了治療員在高位，個人及家庭在低位的權力不對等的諮商關係局面。

治療理論雖然各有概念或特點，但都有其對人或事的假設，分析架構及問題的因果關係，偏向自然科學領域。因此，它們都把個人視為客體，治療員觀察、以假設和概念評估問題，並把問題歸因，然後與個人或家庭達成改變的治療目標。談到諮商關係，治療員在以「目標－方法面向」為主的行為治療法或理性情緒治療法等的位置，自然是高於個人的。縱使把諮商關係以中央面向為主的心性社會治療或原生家庭理論同時關注個人對治療員的移情，治療員同樣占較高的位置，個人或家庭則需要接受及面對治療員的客觀分析，並作出改變。近年，人本治療亦強調個人的主觀現實的重要性，Pilgrim（2000）指出治療背景仍是由治療員主導，個人或家庭接受治療的時候，是進入了被治療員預先選定的評估框架內，個人或家庭的貢獻亦有賴治療員的准許。治療員怎樣才可以與個人建立夥伴共行的諮商關係？敘事治療怎樣可以做到這一點？

2.3 敘事治療與夥伴共行的諮商關係

訪問員一：敘事治療有什麼吸引妳？

筆者：有什麼吸引我？我看到的有七點，包括：⑴個人不是問題，問題本身才是問題；⑵邊緣化及權力不對等（power imbalance）；⑶個體的現實；⑷尊重多觀點（multiple views）和差異；⑸個體才是專家（the person is the expert）；(6)夥伴關係；及(7)社員見證會。

如果我們確信人是獨特（unique）的個體，我們應以什麼準則決定他們的共通（commonalities）和差異或獨特之處？治療員怎樣可以從一小時左右的面談，便完全了解、分析及掌握使用者的過去、現在或將來？作了很多假設，輔導過程是引證這些假設的準確性。我們憑藉什麼信任這些評估？就因為我們攻讀了三年或以上的專業課程和累積的經驗？案主有機會知道我們如何評估他們嗎？若他們有不同的看法，是他們抗拒，抑或是治療員的評估不準確？使用者的意見重要嗎？這些意見應如何及透過什麼途徑或方法被了解和關注？他們又可以怎樣告訴我們這班以專家自居的人士？但令我最不安的是我及個人的「人」（personhood）在哪裡？我們的「我」（self）在哪裡？如果我們相信所有知識都是暫時性的，上列吸引我的敘事治療概念是否就能讓我與個人和家庭夥伴共行諮商旅程，實有賴我們繼續探索、尋覓、了解、反思……，在這裡我只是拋磚引玉。

「問題」是治療員根據所選定的理論框架，把個人或家庭分為「好」、「壞」，「對」、「錯」，並把人分為不同等級、類別，給予標籤，例如成績欠佳便是資質差或懶惰，發脾氣是性格問題的話，整個人被視為問題的根源。無疑，標籤不一定只有壞的影響，其正向意義是當人屬於某一群組的時候，可減低人的孤獨感和增加與所屬的群組成員的聯繫感，達至身分認同（McGoldrick, 1998; Tsun, 2005）。敘事治療更清楚表明問題是主流社會建構的產品，Epston（1998）和White（1995）不約而同指出，內化語言導致排外（exclusion）、物化（thing-ification）、主觀化（subjectificaton）及全人化（totalisa-tion），問題故事（problem saturated stories）只會肯定個人的負面身分認同（negative identity conclusion）。

「治療是文化認許，反映現代工業社會的需要和價值觀的一種療程」（McLeod, 1997）；同時，治療文化下的大敘事或真理（truth）治療論述（professional discourse）令治療員成了「知情觀察員」（knowing observer），分類和界定問題的治療員身居權位，自然擁有合法知識、獨立、抽離和不感興趣的位置（White, 1997），既成了中央人物，也具很大的影響力（centred and influential）。

很明顯，治療景地令個人把自己看成問題，「問題」能夠生存是藉著大敘事的支撐（Morgan, 2000），治療員把與大敘事不相附的在地知識驅趕及邊緣化（Rivett & Street, 2003），所以個人不是問題，界定問題本身才是問題。除此之外，個人是最了解自己的感受、想法、主觀經驗和現實的專家。當我們有時候為一些沒有預料到的故事而感到驚訝、不知所措、負累，或選取不同輔導理論評估這些故事的時候，我們是以什麼態度看待這些使用者的故事？他們只是眾多案主經歷的其中一個？我們可有重視和尊重這些故事？可有為被選中分享這些他們擁有的特許知識（privileged knowledge）而感到榮幸？

White（2002b）分享他在治療旅程開端所持的態度是發人深省的：

1. 想像要超出自己慣常的。
2. 延伸並重新考慮自己已認識的生活及身分。
3. 預備讓自己進入以往可能忽略的生活經驗。
4. 懷疑並動搖自己已有的想法。
5. 繼續建立治療技巧。
6. 探討更多個人、關係及社群的倫理。

上列的態度令情感在治療過程中產生，容許治療員目睹個人展現在治療員眼前的生活劇目，及個人賦予這些經驗的意義；同時，在沒有假設、評估框架的狀態下，治療員能夠真正體會個人的主觀現實和角度，最具威力的是治療員能與個人的生活或生命產生關係，治療員並有以下的經驗：

1. 被個人的故事觸動。
2. 被個人的故事索引。
3. 對個人的故事產生聯想。
4. 因個人的故事擦出好奇心。
5. 因個人的故事感到雀躍。

不容置疑，個人處於治療景地的中央位置，他的故事和生活經驗（即在地知識）才是主體，他的主觀現實被聆聽、備受尊重，這些與主流論述或大敘事的異同並不是治療的重點，因為個人的「選取身分」（preferred identity）才是最重要的。在這個治療景地和關係下，個人可以與那些支持及辯證內化問題主流論述分開，從而探討讓「選取身分」實現的可能性（White,

1995），在過程中，個人而非治療員成了審視問題故事和重整生命故事的專家。

故此，治療絕對是一個持許（privilege），個人或家庭給予治療員聆聽他們的故事和生活經驗，並與他們共同建構新的生命故事和見證他們體現選取身分的歷程的特許。治療員不但並非處於高位，反之，他豈能不因為這個特許而更謙卑？對個人的故事和生命歷程感到好奇和興趣？所以，我以為治療是個人接納治療員成為他的夥伴，並容許治療員與他共行他選取的旅程，而不是治療員給予個人夥伴旅程的機會。就是這個態度令敘事治療員經常諮詢個人的感受、意見和經驗（Epston & White, 1992），創造「共同研究」（co-research）的機會（Gaddis, 2004; Mann, 2001）。

在訪問的再述（retelling）時，聽到迴響團隊成員因為我的說話而作出回應，同時影響他們將來的生活經驗，這個公開的認同不但使我覺得自己對其他人有貢獻，也令我們都感到大家聯繫在一起。試想像當個人發現有那麼多人一同見證他的故事，他也有機會聽到他的故事觸動了不同的人，這些人同時肯定和認同他的身分，並更會因他的故事而有所改變，這個過程的威力我們都有不少的經驗，也確信它的效果。

專業人士的合法知識、客觀現實、因果關係和高低的諮商關係，似與我對治療及諮商關係的期望不符；符號科學代表的治療目的、方向及諮商關係令我感到興奮，因為個人的在地知識、主觀現實和平等諮商關係才是我選取的。敘事治療吸引我的其中七個概念，更讓我感到夥伴共行的諮商關係是個人給予治療員與他共同重溫他的生活片段，並建構新的生命故事的機會。這個機會是一個特許和榮幸。

3　歷史、文化——治療員的故事

回想被訪問和不斷反省的過程，其實是重複審視和整理個人的信念（intention）、價值觀（value）和目標（purpose），好牢固自己對輔導工作的委身（commitment）的機會。

訪問員一：這個由不相信到尋覓，有困難仍繼續去找尋的經驗，妳會怎樣稱呼呢？

筆者：「死纏爛打」。

訪問員一：這種「死纏爛打」有什麼支援著妳？是從哪裡來的呢？

筆者：我的父母在四〇年代從內地來港，他們原本是老師，但因為沒有合適的文憑，所以不能在香港執教。家境雖然窮，但母親仍然買很多讀物給我看，那個時候很少外出，故此我便時常看書，不斷思想。

另一方面，我記得我的父親是很有義氣、很捨己的……可以的話，他會盡量幫助別人；母親亦經常教導我要尊重別人。社會工作訓練更讓我學會待人要平等、欣賞別人的優點，重視人際關係則是從書本和社會工作訓練學到的。

如果邀請個人講述歷史片段，只是重複描述問題故事，White（2000）質疑治療員只會與個人建構單一的生命故事和身分（single-storied experiences of life and of identity），他所謂重訪歷史的其中一個目的，是讓個人在詳述故事的過程發展多元故事的生命故事和身分，找到行為背後不存在、但卻隱含表達的目標、希望和夢想。因此，識別重要的歷史事件及這些事件對個人的影響與個人豐厚的身分總結（thick identity conclusion）十分重要。如果沒有回到兒時的生活經驗，我亦不會發現我為什麼如此喜歡發問、尊重別人、重視及珍惜人際關係；這些都是我們三人在對話過程、在我重溫一些生活片段時發現的，在訪問之前，我們都沒有預料會有這樣一個發現，內心的喜悅亦包含我們都感到大家是共同走過這麼多小時的旅程！

語言及人類賦予語言的意義跟身處文化有直接關係，治療員必須從文化脈絡著眼看個人（陳金燕等，2000），心理治療其實是文化實踐（Hoshmand, 2001），敘事治療讓我們明瞭治療或故事背後的歷史、對話和景地，讓個人看到問題與社會的種族、性別、社會經濟地位的公平性等因素的關聯性。這令我想到中華歷史和文化跟我的目標、盼望和夢想的關係。我不禁想到數位治療員曾經分享長輩移居香港的目的（Lit, 2004; Ting, 2004; Tsun, 2004）。

訪問員二：「當年父母的信念就是堅持去做，我覺得我們要榮耀（honour）他們。」

筆者：「他們放棄了家鄉的一切來到香港，人生路不熟，目的就是為著自己和下一代有較美好的生活……所以我們應該欣賞自己的父母。」

迴響團隊的時候，有超過三位同工也提到應對父母表示多謝。其中一位說：「希望有機會跟我爸爸媽媽說他們曾經在我生命中對我的一些影響。」另一位表示「我想錄音把想跟媽媽說的話告訴她。」、「我的父母年紀好大，其實我應珍惜他們。」

突然想起孟母三遷不僅是歷史故事，亦是讓我們看到品行、成績和朋輩關係在中國文化一直占重要的地位，難怪有些父母為了要子女成為好孩子而採用暴力行為，行為背後的盼望是品學兼優的學生、子女、兄弟姊妹和社會棟樑，自己則是稱職的父母。在這裡，筆者並非贊成暴力行為，重申或分享的是行為是建構於歷史、文化和社會特點，問題只是與大敘事不符的事件及由之引伸的薄弱故事及負面身分認同，透過治療員與個人夥伴共行的敘事旅程，他們重新建構豐厚的生命故事，重看個人的目標和盼望，締結選取的身分。

從訪問到今天，我跟其他人一樣已走了很多路，相信各人的內在知識、主觀現實、對生活經驗和生命的演繹也與昨天有所不同，能與家人、朋友和讀者分享我的歷程真是很大的榮幸和特許，怎能不感到喜悅？又怎能不好好珍惜？

無疑，每個人都是獨特和有差異的，然而，治療員與個人其實有很多相似的地方，因為我們都在選取生活片段編織故事。思考和書寫這篇文章的過程，讓我看到治療員選取的治療理論、諮商關係面向、諮商的態度和技巧，大大影響了他與個人的諮商關係，我揀選並享受的是與個人或是在我生命出現的家人朋友夥伴共行的關係。不過，這關係怎樣建立、維繫及延伸，我明白是需要不斷反省、行動、再反省，而且與人的每一次接觸「都是嶄新及令人無法預見的」，可能正因如此，生命是充滿盼望的。您、我、他的盼望又是什麼？

參考書目

呂俐安、張黛眉、鄭玲宜及楊雅明譯（1996）。諮商過程。台北：五南。

陳金燕等譯（2000）。諮商與心理治療：多元文化觀點。台北：五南。

秦安琪（2002）。問題行為 v.s.景況詮釋。載於蔡安琪、區蕙青、伍偉溢、劉玉眉編，點滴校院。香港：香港明愛社會工作服務，頁 45-59。

秦安琪（2005）。學習障礙兒童自我概念評估及其家長的看法。香港：循道衛理楊震社會服務處。

Becvar, D.S. & Becvar, R.J. (2000). *Family therapy: A systemic integration* (4th ed.). Boston, MA: Allyn and Bacon.

Blaikie, N. (1993). *Approaches to social enquiry*. Cambridge, CB: Polity Press.

Bowen, M. (1985). *Family therapy in clinical practice*. Northvale, NJ: J. Aronson.

Bozarth, J.D. (1997). The person-centered approach. In C. Feltham (Ed.), *Which psychotherapy?* (pp.12-32). London, UK: Sage.

Bryman, A. (1992). *Quantity and quality in social research*. London, UK: Routledge.

Coohey, C. & Braun, N. (1997). Toward an integrated framework for understanding child physical abuse. *Child Abuse & Neglect*, *21*, 1081-1094.

Crittenden, P.M. (1985). Social networks, quality of child rearing, and child development. *Child Development*, *56*, 1299-1313.

Crow, G. & Allan, G. (2000). Communities, family support and social change. In J. Canavan, P. Dolan & J. Pinkerton (Eds.) , *Family support: Direction from diversity* (pp.35-55). London, UK: Jessica Kingsley.

Edwards, R. & Ribbens, J. (1998). Living on the edges: Public knowledge, private lives, personal experience. In J. Ribbens & R. Edwards (Eds.), *Feminist dilemmas in qualitative research: Public knowledge and private lives* (pp.1-23). London, UK: Sage.

Epston, D. & White, M. (1992). Consulting your consultants: The documentation of alternative knowledges. In D. Epston & M. White (Eds.), *Experience contradiction narrative & imagination* (pp.11-26). Adelaide: Dulwich Centre Publications.

Feltham, C. (2002). Consumers' views of the benefits of counseling and psychotherapy. In C. Feltham (Ed.), *What's the good of counseling and psychotherapy?* The benefits explained (pp.114-130). London, UK: Sage.

Festinger, L. (1954). A theory of social comparison processes. *Human Relations*, *7*, 117-140.

Gelso, C.J. & Carter, J.A. (1985). *The relationship in counseling and psychotherapy: Components, consequences and theoretical antecedants*. New York, NY: Wiley.

Gelso, C.J. & Hayes, J.A. (1998). *The psychotherapy relationship: The-*

ory, research, and practice. New York, NY: John Wiley & Sons.

Gaddis, S. (2004). Re-positioning traditional research: Centring clients' accounts in the construction of professional therapy knowledges. *The International Journal of Narrative Therapy and Community Work*, *2*, 37-48.

Gilligan, R. (2000). Family support: Issues and prospects. In J. Canavan, P. Dolan & J. Pinkerton (Eds.), *Family support: Direction from diversity* (pp.13-33). London, UK: Jessica Kingsley.

Hashima, P.Y. & Amato, P.K. (1994). Poverty, social support and parental behavior. *Child Development*, *65*, 394-403.

Held, B.S. (2001). The postmodern turn: What it means for psychotherapy - and what it doesn't? In B.D. Slife, R.N. Williams & S.H. Barlow (Eds.) , *Critical issues in psychotherapy: Translating new ideas into practice* (pp.241-256). Thousand Oaks, Calif.: Sage.

Hoshmand, L.T. (2001). Psychotherapy as an instrument of culture. In Slife, B.D., Williams, R.N. & Barlow, S.H. (Eds.) , *Critical issues in psychotherapy: Translating new ideas into practice* (pp.99-113). Thousand Oaks, Calif.: Sage.

Lansdown, G. (1997). Children's rights to participation: A critique. In C. Cloke & M. Davis (Eds.) , *Participation and empowerment in child protection* (pp.19-38). Chichester, PO: John Wiley & Sons.

Linares, L.O., Groves, B.M. & Greenberg, J. (1999). Restraining orders: A frequent marker of adverse maternal health. *Pediatrics*, *104*, 249-257.

Lit, L.S.W. (2004). Hong Kong - the place that shapes my identity. *The International Journal of Narrative Therapy and Community Work*, *1*, 15-16.

Lyons-Ruth, K., Alpern, L. & Repacholi, B. (1993). Disorganized infant attachment classification and maternal psychosocial problems as predictor of hostile-aggressive behavior in the preschool classroom. *Child Development*, *64 (2)* , 572-585.

Mann, S. (2001). *Collaborative representation: Narrative ideas in practice*. Retrieve from: http://www.dulwichcentre.com.au/

McGoldrick, M. (1998). Introduction: Re-visioning family therapy through a cultural lens. In M. McGoldrick (Ed.) , *Re-visioning family therapy: Race, culture, and gender in clinical practice* (pp.3-19). New York, NY: The Guildford Press.

McLeod, J. (1997). *Narrative and psychotherapy*. London, UK: Sage.

Meier, S.T. & Davis, S.R. (2005). *The elements of counseling*.

Miller, S.D., Duncan, B.L. & Hubble, M.A. (1997). *Escape from bable: Toward a unifying language for psychotherapy practice*. New York, NY: W.W. Norton.

Minuchin, S. & Fishman, H.C. (1987). *Family therapy techniques*. Cambridge, Mass.: Harvard University Press.

Minuchin, S. (1974). *Families and family therapy*. Cambridge, Mass.: Harvard University Press.

Morgan, A. (2000). *What is narrative therapy? An easy-to-read introduction*. Adelaide: Dulwich Centre Publications.

Morton, N. & Browne, K.D. (1998). Theory and observation of attachment and its relation to child maltreatment: A review. *Child Abuse & Neglect, 22 (11)*, 1093-1104.

Nasir, K. & Hyder, A.A. (2003). Violence against pregnant women in developing countries: Review of evidence. *European Journal of Public Health, 13*, 105-107.

Nelson-Jones, C.J. (2000). *Introduction to counseling skills*. London, UK: Sage.

O'Hanlan, J.A. & O'Hanlan, B. (2002). Solution-oriented therapy with families. In J. Carlson & K. Kjos (Eds.), *Theories and strategies of family therapy* (pp.190-215). Boston, MA: Allyn and Bacon.

Oakley, A. (1999). People's ways of knowing: Gender and methodology. In S. Hood, B. Mayall & S. Oliver (Eds.) , *Critical issues in social research: Power and prejudice*, (pp.154-190). Buckingham: Open University Press.

Parton, N. (2003). Rethinking professional practice: The contributions of social constructionism and the feminist 'ethics of care'. *British Journal of Social Work, 33*, 1-16.

Pilgrim, D. (1997). *Psychotherapy and society*. London, UK: Sage.

Rivett, M. & Street, E. (2003). *Family therapy in focus*. London, UK: Sage.

Rogers, C. (1951). *Client-centered therapy*. Boston, MA: Houghton Mifflin.

Ryan, S. (2000). Developing reciprocal support among families, communities and schools: The Irish experience. In J. Canavan, P. Dolan & J. Pinkerton (Eds.) , *Family support: Direction from diversity* (pp. 171-194). London, UK: Jessica Kingsley.

Task Group on Multi-disciplinary Guideline on School Social Work Service (2000). *A guide on multi-disciplinary social work service*. Hong Kong: Social Welfare Department.

Ting, W.F. (2004). The roads of Hong Kong - Where are you taking me? *The International Journal of Narrative Therapy and Community Work, 1*, 28-30.

Tsun, O.K. (2001). *The self-evaluation of physically abusing mothers in Hong Kong*. University of Bristol: unpublished doctoral thesis.

Tsun, A.O.K. (2004). Responding to child abuse: Confucianism, colonization, post-structuralism. *The International Journal of Narrative Therapy and Community Work, 1*, 25-27.

White, M. (1995). *Re-authoring lives: Interviews & essays*. Adelaide: Dulwich Centre Publications.

White, M. (1997). *Narratives of therapists' lives*. Adelaide: Dulwich Centre Publications.

White, M. (1998). Notes on externalizing problems. In C. White & D. Danborough (Eds.), *Introducing narrative therapy: A collection of practice-based writings* (pp.219-224). Adelaide: Dulwich Centre Publications.

White, M. (2000). *Reflections on narrative practice: Essays & interviews*. Adelaide: Dulwich Centre Publications.

White, M. (2002a). Addressing personal failure. *The International Journal of Narrative Therapy and Community Work, 3*, 33-76.

White, M. (2002b). Journey metaphors. *The International Journal of Narrative Therapy and Community Work, 4*, 12-18.

第四部分

團隊迴響篇

第八章

迴響團隊及社員見證的我思

葉劍青

本書第二部分的五個訪問並不是一般的訪問對談，這五個訪問都在迴響團隊的見證下舉行。它既記錄了我們聚敘醉社群（Narrative Practice Support Group, NPSG）五個不同成員遇上敘事治療的衝擊及反省，亦是聚敘醉社群嘗試社員見證這一種敘事實踐方法的一個表現（expression）。

曾經學習或參與家庭治療的同工相信對「單向鏡」（one-way mirror）及「迴響團隊」兩樣東西都不會陌生。在Mike Nichols《家庭治療》這本教科書中，單向鏡更被列為家庭治療的一項創舉，因為它大大提高了心理治療的透明度，讓治療師的團隊同事或學生可看到心理治療的過程，並可提出意見以作參考，改善治療的過程。湯姆安德遜，一個北歐的精神科醫生，把單向鏡及觀察組轉了一個用途，傳統中治療師與被治療的家庭會安排在單向鏡被觀察的一端，而安德遜的迴響團隊實踐，則把曾觀察家庭治療過程的同工放在單向鏡被觀察的一端，讓接受治療的家庭可以觀察治療師或其他同事討論及分析其個案。用敘事實踐的角度看，這製造了一個機會讓被治療的個人或家庭從困擾他們的問題中抽身出來，他們不再「無奈」地接受觀察及分析，而可作為主體聆聽其他人對自己的論述。這個改變可理解成一個「去中心化」的嘗試，它某程度上針對了治療師建構心理病的權力問題（the power to construct psychopathology），讓個人或家庭有一個空間觀察及反思這個過程，從而為困擾自己的問題尋一條出路。

但這個嘗試並未完全解決被治療者的充權問題。記得在數年前曾用迴響團隊這方法幫助一個父親被酒精困擾的家庭，但出來的效果不好。其中一個原因是自己和其他觀察員關於這家庭的論述仍然充滿了問題，未能讓家庭避開「問題」的纏繞。其實，麥克懷特早已在他九五年的文章中討論這個問題，並提出了解決的方法，只是當時我對敘事實踐認識不深，未能適當運用。這個方法就是社員見證會。

麥克懷特的解決方法揉合了巴巴拉麥爾霍夫對詮釋及確立儀式的理解與運用，並列明了社員見證會實踐的四個程序及四個標準反應（詳情請參考本書第一部分第三章〈個人身分詮釋及確立儀式〉一文，在此不再論述）。巴巴拉麥爾霍夫作為一個人類文化學家，接觸及觀察過各種不一樣的詮釋及確立儀式；而麥克懷特對這社員見證反應所作的規範亦不是一個隨意的改變，而是針對隱含（embedded）在心理治療中的權力架構一個批判性的改變。麥克懷特於九五年第一篇文章已對迴響團隊的運作提出了很重要的幾個質疑，包括面對迴響團隊的危險性，怎樣減少團隊對「病人」的進一步物化與邊緣化，及怎樣避免團隊的對話重複了製造「問題」的結構。麥克懷特對迴響團隊及社員見證的思考亦不只寫了一次，而是寫了三次，分別是九五年 *Re-authorizing Lives* 的第七章，九七年 *Narratives of*

Therapists'Lives 的第四章，及二○○二年 *Reflecting on Narrative Practice* 的第四章。簡單來說，九七年及二○○二的文章對怎樣令社員見證回應更符合敘事及後結構的精神，更尊重及幫助到被治療者，作出了更深入的探討和改善。麥克懷特在這三篇文章貫徹的反省精神，及對社員見證會的不斷改良，也是我深受感動及力圖學習的一種精神、一種實踐。

社員見證會這個改變也包含著敘事實踐中甚為重視的社群及「社會建構」這兩個理念。在後結構（post-structural）的理解當中，個人形像（self-image）及身分的形成離不開「社會建構」這過程。不同的社群，社群中不同形式的聯繫，及社群中傾向採取的態度，塑造了不同的個人身分。參與治療的個人或家庭亦往往因為以前的社會經歷，形成了一個充滿問題的身分或故事（problem saturated identity / story）。而詮釋及確立儀式、及社員見證會正提供了個人身分被重新建構或塑造的空間。

我們這個聚敘醉社群對迴響團隊及社員見證會的實踐，也可理解為重塑我們的生活故事，及重塑我們自己專業實踐（professional practice）的一個嘗試，製造出一個空間讓同工可以一試敘事實踐的精神和技巧。事後回望，基於大家背景、歷史的不同，及對敘事治療認識的不同，有些時候未能作出完全符合敘事精神的社員見證回應（例如回應過分倚賴「專業」的分析與判斷），但總算帶出了社群醉心敘事學習的精神。其實，這個和「聚敘醉」行動委員會預先設想的情況亦相差不遠，因為聚敘醉社群的參加者都在學習敘事實踐的不同階段，而幾個訪問的過程亦不是真正的敘事治療，因此預設的規範亦較為寬鬆。這跟真正的敘事治療的狀況（context）很不同，因那情況要考慮更多作為治療師的不同道德及責任。

聚敘醉社群成員除了在社員見證會中對訪問作出回應外，他們也於見證會後寫下自己的心聲。這部分的六篇文章就是他們經歷這系列訪問及敘事實踐的一些感受及反思。

讀者如對迴響團隊及社員見證有興趣，請參考以下書目：

Friedman, S. (ed.) (1995). *The Reflecting Team in Action: Collaboration practice in Family therapy*. New York: Guilford Press.

Myerhoff, B. (1980). *Number Our Days*. New York: Simon & Schuster.

Nichols, M. and Schwartz, R. (2001). *Family Therapy: Concepts and Methods*. Boston: Allyn and Bacon.

White, M. (1995). *Re-authorizing Lives: Interviews and essays*. Adelaide: Dulwich Centre Publications.

White, M. (1997). Narrative of Therapists' Lives. Adelaide: Dulwich Centre Publications.

White, M. (2002). *Reflections on Narrative Practice*. Adelaide: Dulwich Centre Publications.

迴響團隊與我

馬綺文

在這數次的會談中，我有機會參與「迴響團隊」的角色。對我來說，這是一個有趣和自省的經驗。或許是當治療師的工作久了，或許是被工作搾得乾了一點，總是希望尋求新的元素去更新自己，重拾心內的情和聯繫。

作為「迴響團隊」的一員，我需要靜心聆聽被訪者的故事，嘗試體會他們的經歷和感受，欣賞故事中主角的堅毅和能力，體察自己內心的迴響，分享當中的領悟，聽聽其他隊員分享的新視野。我發覺原來彼此都是有經歷的，不是孤單的。原以為是助人的，卻是互相的，自己也從過程中得著益處。

最令我覺得有趣的，就是「迴響團隊」可以讓被訪者看著我們一起「故事重敘」他／她的經歷及迴響，打破中國人不應當著人面前「說三道四」的常規，同時又帶來尊重、欣賞和支持。我希望這種帶著尊重的敘事信念，能有一天進入我們的社會中。

最後，由於這次的「迴響團隊」是以開放式小組進行，每次的「班底」都不同，擦出的火花亦有不同。有時摸索，迷失方向，有時抓著心之所繫，來一個新的詮釋體會，不錯啊！

（註：除了「再敘述」之外，還有「故事重敘再重敘」。這種有益的「說三道四」，需要基於敘事治療的信念和方式之下進行。）

「靜靜的革命」——一位迴響團隊成員的感受

梁瑞敬

我能參與三次迴響團隊的工作，分享同工在學習及實踐「敘事治療」上的心得、經驗及感受，實在感到非常榮幸！從他們的故事裡，我得到很多啟發，較為深刻的有以下兩點：

從分享別人的故事到體會獨特性的可貴

聆聽別人的故事，啟發了我要檢視一些個人的價值觀，例如尊重每個人的獨特性，學習欣賞跟自己不同的人，了解及接納他們看事物的角度；並相信每個人均有自我改善的能力。這些價值觀是我一直認同的，但能否做到卻是另外一回事。作為迴響團隊的一份子，我也特別感受到「不批判」（non-judgemental）的重要性。另外，我對人與人之間的權力分配（power distribution）、平等相待（fairness）及互相尊重（respect）有了更敏感的警覺！

記得當其中一位被訪者分享他學習「敘事治療」的心路歷程，訴說他如何從自己舊有的觀點解放出來，對任何人和事也能心存欣賞及感恩！他的故事對我的工作有很大的啟發，以往我經常抱怨學生的質素每況愈下，忽略欣賞他們獨特可愛的地方，例如他們其實很有人情味，對老師也頗關心。無論課堂有多沉悶，他們也只是偶爾說說笑。到了要做專題演講或寫論文時，又會變得非常認真！這些觀察啟發了我和學生們開展了新的、愉快的關係。

從分享別人的故事到自我生活中的反省

每次參加迴響團隊最深刻的體會，就是組員不用對被訪者的問題作出客觀的分析，也不用對訪問員的技巧作出挑戰或提示。反而，透過聆聽被訪者的故事，令我對自己的生活、價值觀，甚至處世待人上，有了深刻的反省。這些反省大多來自被訪者的經歷，正好觸動自己一些相似的經驗及感受，因而引發強烈的共鳴感！正如麥克懷特所言，'Reflecting team members become others than who they were.' (White, 2000)。

記得有這麼一次的體驗：被訪者談及她對其姊感激之情，她所以能有今天的成就，與姊姊曾放棄自己唸書的機會，把那寶貴的機會給了她有莫大的關係。這次分享帶給我深刻的反省，我想到遠在美國居住的妹妹，我們也有相似的遭遇。不同的是，我妹妹放棄了唸書的機會，為了幫補家計，年紀小小便要到工廠裡工作。反而作為大姊的我，卻可以繼續讀書。我們姊弟的零用錢、家裡大小的傢俬電器，全都是用妹妹辛苦掙回來的錢買的！我還記得她白天工作，晚上仍不斷努力讀書的情景。童年往事全湧上了心頭，心裡的滋味是苦也甜！苦的是年紀小小的她，已要肩負家庭重擔，身為大姊的我實在感到很難過、慚愧及內疚。因為應該工作的是我，而不是我的妹妹！甜的是看到她今天的成就，她那份「生活愈是沉重，愈要戰勝命運」的人生態度，是我既欣賞、又要積極學習的！

我記得小組聚會完結後的第二天，我把我對她的思念及感激都寫在信上，用電郵寄到她在美國的家。妹妹的回覆是她看到電郵後哭了好幾次，小時候的回憶都跑回來。她告訴我：或許姊姊已忘記了，當年是我鼓勵她工餘進修，她還要感激我的支持呢！說句老實話，我真的完全記不起來，現在的她已可以輕輕鬆鬆地享受生活，那完全是她個人努力的成果！那一刻，沉重的心靈如釋重負，我和妹妹雖然相隔千里，但心卻是牢牢地貼在一起！想不到「敘事治療」竟在不知不覺間在我的心中翻起了「靜靜的革命」！

參考書目

White, M. (1995). *Re-authoring lives: Interviews and essays*. Adelaide: Dulwich Centre Publications.

White, M. (2000). *Reflections on narrative practice : Essays & interview*. Adelaide: Dulwich Centre Publications.

訪問再訪問——我對夏民光訪談的迴響

尤卓慧

一年前在「醉敘聚」社群的聚會中，我和葉劍青有幸地訪問了夏民光（Harris），當中他談到了敘事治療在工作和個人生活層面對他的影響。❶一年後的二月，Harris從英國深造回來，我和葉劍青再有另一次機會跟Harris交談，這次大家都有興趣知道Harris在英國經過一年的學習和生活後，他和敘事治療的關係有沒有新的變化，以及他對敘事治療有沒有一些不同的體會。這次大家在海旁的咖啡室交談，一談就談了二個多鐘頭，Harris 談到英國的生活讓他體會到人與人的聯繫的重要性，以及他對輔導、知識、語言和權力的關係的進一步思考和探索。

大家談到輔導、知識、語言和權力的關係，都興致勃勃，這也確是一個很有意思的題目，值得大家再多加思考、探索和討論。但我更有興趣的，是就 Harris 所說的人與人的聯繫這點，在這裡分享一下我的迴響。這點之所以觸動我，相信是我對人與人的聯繫也相當重視吧！敘事治療其中一樣吸引我的地方，就是它很著重人與人之間的聯繫，這些人與人的關係，放在時空、生活、歷史和社會的處境中，可以讓故事主人翁重寫不受問題束縛的另類生命故事（alternative story），並塑造出選取的身分（preferred identity）。

❶ 詳細請參閱夏民光〈我看見敘事治療看見我〉。

或者，先讓我回到當日在咖啡室我們和 Harris 的談話，當中有關人與人的聯繫的一些片段吧。令我留下深刻印象的，是 Harris 談到當他人在異鄉，處身於迥然不同的文化及語言中，遠離家人和朋友，他如何感到自己有點像鬼魂，他的存在與否似乎對身旁的人顯得毫不重要，以及其後他怎樣因著宿舍的三位好心女孩邀請他每晚參加她們的「晚飯局」，和與其他國家的同學慢慢建立了友誼和聯繫，因而心情以至整個人都截然不同，他不再覺得自己是鬼魂，而確切地又感到自己的存在，也感到聯繫的重要性。

我相信這片段的談話，帶出了我在敘事治療中的一個領會，也就是人與人建立聯繫的重要性。敘事治療中的社員見證和憶記會員對話等技巧，都可以有著讓故事主人翁與生命中的某些人物重拾關係或重建聯繫的效果。在敘事治療中，身分並不是一樣特定、恆久不變及內在化的個人東西，而是受社會、文化、歷史、生活經驗等建構出來的，隨著不同時空和不同的社會脈絡而變化。為此，社群和人的聯繫在敘事治療中占相當重要的位置，它們可以讓故事主人翁重寫或重塑他／她的身分，並冠以不同的意義。譬如敘事治療中的憶記會員對話，❷可以讓故事主人翁的生命故事，由一個無助孤立被問題充塞的身分，藉著一些重要但可能不太在意，或被忽略甚至遺忘了的關係和聯繫，重新編寫成另一個選取的身分，可能他／她曾經

---

❷ 若有興趣多些了解憶記對話的技巧及用途，可參考 A. Morgan (2000). *What is Narrative Therapy: An Easy-to-read Introduction*, Dulwich Centre Publications 及 M. Carey & S. Russell (2004). *Narrative Therapy: Responding to Your Questions*, Dulwich Centre Publications。

從一位鄰居老太太身上感受到愛，也學習到何謂愛，也為這位老太太帶來歡欣和一點的生活意義。輔導員透過和故事主人翁對話，在故事主人翁的回憶中喚起他／她和老太太的愛的聯繫，藉此讓故事主人翁的孤立和被問題充塞的身分得以重寫，可能他／她的身分會重塑為一個有愛心、懂得關心人和為人帶來快樂的人，而故事主人翁也不再是孤立的個體，他／她已和老太太透過愛這共通點而聯繫起來。

在我的日常輔導工作中，我常常看見故事主人翁們在問題故事和問題身分中掙扎，感到孤單或孤立，但我體會到敘事治療可以怎樣讓故事主人翁重新建立與他人的聯繫，重寫他們的故事，建立另一個不同的身分。作為一個輔導工作者，我也感受到聯繫和社團對我的重要性，它們讓我與一班對敘事治療有熱忱的朋友聯繫起來，也就是「醉敘聚」這社團，這個社團給了我不少力量繼續在日常生活和工作層面實踐敘事治療，例如，與 Harris 的訪談就令我的腦袋雀躍不已，當然還有和「醉敘聚」其他社員的對話，每每都刺激我去反思如何在個人、日常生活和工作等方面去抗衡跌入以支配文化或以專業知識去規範故事主人翁的陷阱，又或者以輔導幫人之名卻不自覺地成為傅柯所說的權力載體，進一步把故事主人翁壓制在問題故事下，又或以主流文化的標準去規範或評價他們。敘事治療正正就讓我可以在工作和個人生活方面實現和實踐「我重視人與人之間的聯繫」這價值觀。

流窗——對列小慧的對話與面談的迴響

李幗瓊

在與小慧的對話與面談的過程中，使我了解到作為母親在教養子女方面的一些心路歷程。可喜的是，她能成功地在教養子女方面找到了敘事（故事）治療這個新的路向。作為兩個孩子的母親的我當然也體會到這一份雀躍。

從小慧的言談間，最吸引我的是，當她提到一般的傳統的結構性治療思想在教養子女上的不足。這也正正提醒並解答了我多年來在教養子女上的問題和所犯的毛病。一直以來，我都是受制於權威給我們的框框與包袱，以為用權威去征服子女就可使子女順服及聽話，也可解決一切問題。在這次面談當中，使我有很深入的反省，亦加強了我衝破這結構上的框框的決心。

敘事（故事）治療能提供較多的自由和空間去發揮和鑽研，並突破既定的框框、規範、期望與權力。在面對子女的問題時，我們也能試圖放下對他們的期望，而改用另一觀點或轉換另一角度去細心聆聽他們的故事，從而希望有更新、更大的發現。

總的來說，聽了小慧的故事，使我體會到人與人之間應有的一份欣賞，珍惜一同分享或分憂的感覺，內外一致而真誠的相處及人活著是有理想與盼望的信念。

要走才可站

周偉文

觀看黃昌榮（Victor）的訪問，我覺得是一種精神上的享受，雙方的對話是既精采而有深度，Victor 對充權的敏感，令他對敘述治療中強調輔導上的權力制，尊重及重視求助者對事件的熟悉，而不是胡亂地猜測、指點等特點有共鳴的感覺。

我對輔導認識點皮毛，但極同意輔導員要對權力充滿警惕，而且不能輕率地將自己的權力加諸受助人的思想或方向，令輔導員不會站在超越的地位，和求助者一起探討求助者感覺無能力掌握、認識或處理的事情，這樣是對受助者的尊重。

另外，Victor 亦指出敘述治療和後結構及後現代主義的關係，在解構的過程中，文化、語言、對少眾的歧視，在輔導和社會政策的制定上都存在決定的因素，在這些層面上，輔導和社會政策是可以聯繫起來的。我認為這是一種有意義的觀點，Victor 表達了兩者的關係及敘述治療在社會政策上所引起的演變方向。

在憶記會員中，Victor 介紹了兩位對他前半生影響極為重要的人物，一位是朋友而另一位是老師，Victor 說他是一個容易跟隨別人，又說如果他們是黑社會，他也會跟隨他們成為黑社會。我覺得 Victor 這說話太謙虛，太薄弱了，因為在他前半生的二十多年，可以想像到 Victor 會認識不同的人物，但 Victor 眾裡尋他地選擇了他們作為自己的朋友及模仿的對象和追隨學習人生態度，充分反映了 Victor 內心的清泉，追求卓越的潛在力量，在他現在充滿批判的思考模式可見一鱗半爪。在他描述自我的反叛但又因循現實生活的努力，這是看似簡單但實際是非常微妙仔細的配合，可以看出 Victor 的創意潛力與自我控制的美妙結連。最後，我最欣賞 Victor 的一句充滿哲學味道的話，「要走才可以站著。」內涵的意思可圈可點。

生命狂奔

岑秀成

參與黃昌榮先生被訪問的機會，是驅使我細心回味童年生活和思考自我掙扎和堅守原則的源泉。吸引我的有許多，特別是他說：「我要跑得很快才察覺自己（或許？）可以停下來。」原來的一字一句不甚肯定，但他不斷追尋，探索和不畏艱辛、失落，給我一種入心的共鳴。

我不敢和黃先生相提並論，然而也經歷許多磨練，有快樂、甜蜜，也有悲哀、挫折。生命其實應允過我們什麼？在沒有回音的過程、位置，我的寂寞、無奈、希冀是代表什麼？路途中也窺視過往的我有躊躇，也有堅毅的動力。尋找而迷惘，專注努力但仍無所收穫的心情，歷歷在目。日俱往有迷失，今天的訪問，不單意會狂奔的快樂，也開始探求停下來的感覺，會是去感受什麼，會否是構思即將而來的另一個狂奔的旅程，是帶有興奮、無知、莫名喜悅，也期待另外世界心靈的再次相遇！相知！

後 語

下一站的旅程

當作為讀者的你來到這一頁的時候，或許你也和我們一樣地感受和經歷著敘事治療，當中有一些的感受可能是和我們相同的，又或許你有另一些經歷是和我們截然不同的；但無論如何我們已「共行」了一些敘事治療的旅程。若你有興趣的話，我們邀請你在「共行」旅途的最後一站裡思索以下的一些問題：

1. 在這本書中，哪些章節，哪些內容最吸引你呢？有沒有一些是觸動你的心弦呢？有沒有一些內容是令你有迴響和共鳴的呢？
2. 若果有一些內容、章節吸引你，甚至產生共鳴的話，它們為你帶來哪些想法、形象？什麼樣的衝擊呢？這些想法、思維、形象和衝擊又反映你的什麼價值觀、信念和憧憬呢？
3. 這些想法、形象和衝擊又和你自身的經歷和體會有什麼關係呢？
4. 就著這些建議，你有否得到什麼新的感受和領會呢？這些新的經歷可有把你帶到一些新領域或新旅程呢？
5. 若果你想把這些領會和其他人分享，你又會找哪些人呢？他們會是你的家人、朋友或同事嗎？你是否會考慮給我們一封電郵？

書前的序概述了我們「聚敘醉」社群這些年相遇的一些片段，其實我們的第一本書可以面世，編輯委員會的聚會也經歷了很多，當中的聚會不乏有趣及激烈的討論。記得我們曾討論作為治療師或訪問員是否應作引導性的說話；又或者在語言中尊重及照顧「故事主人翁」的態度是否足夠。我們亦曾討論學術執著是否是敘事實踐所必需的元素；又或者「專家知識」（expert knowledge）和個人分享在書中的比重等。我們以為這些都是探索敘事實踐中有趣及重要課題。

這種探討及質疑精神都是我們欣賞、珍惜及重視的，也是敘事實踐的一個重要原則——每事問（Nothing goes without questioning）的精神。在對話之中我們未必能找尋到絕對的標準，但期望帶出了大家的思考，及接納對方差異的共容性（tolerance for diversity）——我們相信這也是敘事實踐的另一個重要精神。

經歷了這本書之後，它可有為你展開更多的可能性，為你開拓你所雀躍的下一站旅程？至於編輯委員會，我們還有繼續編輯敘事實踐文本的意願，也希望敘事治療的實踐不單能在香港、澳門，甚至其他華人社會發出光芒，因為敘事治療是我們醉心的生活實踐，我們希望有更多的人跟我們聚集繼續了解和研究；這旅程也必會有崎嶇的地方。前路還等待我們一起探索……

我們懇切期待你與我們分享你的讀後感，給我們你的寶貴意見，加入我們的共行路：dino116@gmail.com

編輯委員會

二〇〇五年五月三日

國家圖書館出版品預行編目資料

探索敘事治療實踐／秦安琪等著. --初版.--
臺北市：心理, 2005（民 94）
面；　公分.--（心理治療系列；22064）

ISBN 978-957-702-801-3（平裝）

1.心理治療

178.8　　　　94010624

心理治療系列 22064

探索敘事治療實踐

編　　者：尤卓慧、岑秀成、夏民光、
　　　　　秦安琪、葉劍青、黎玉蓮
執行編輯：謝玫芳
總 編 輯：林敬堯
發 行 人：洪有義
出 版 者：心理出版社股份有限公司
地　　址：231 新北市新店區光明街 288 號 7 樓
電　　話：(02) 29150566
傳　　真：(02) 29152928
郵撥帳號：19293172 心理出版社股份有限公司
網　　址：http://www.psy.com.tw
電子信箱：psychoco@ms15.hinet.net
駐美代表：Lisa Wu（lisawu99@optonline.net）
排 版 者：辰皓國際出版製作有限公司
印 刷 者：翔盛印刷有限公司
初版一刷：2005 年 6 月
初版六刷：2017 年 8 月
I S B N：978-957-702-801-3
定　　價：新台幣 250 元